A ENTREVISTA
NA PESQUISA QUALITATIVA:
MECANISMOS PARA VALIDAÇÃO
DOS RESULTADOS

Maria Virgínia de Figueiredo Pereira do Couto Rosa
Marlene Aparecida Gonzalez Colombo Arnoldi

A ENTREVISTA NA PESQUISA QUALITATIVA:
MECANISMOS PARA VALIDAÇÃO DOS RESULTADOS

2ª edição

autêntica

Copyright © 2006 Maria Virgínia de Figueiredo Pereira do Couto Rosa,
  Marlene Aparecida Gonzalez Colombo Arnoldi
Copyright © 2006 Autêntica Editora

Todos os direitos reservados pela Autêntica Editora. Nenhuma parte desta publicação poderá ser reproduzida, seja por meios mecânicos, eletrônicos, seja via cópia xerográfica, sem a autorização prévia da editora.

EDITORA RESPONSÁVEL
Rejane Dias

CAPA
Victor Bittow

REVISÃO
Rosemara Dias dos Santos

DIAGRAMAÇÃO
Carolina Rocha

R788e
Rosa, Maria Virgínia de Figueiredo Pereira do Couto
   A entrevista na pesquisa qualitativa: mecanismo para validação dos resultados / Maria Virgínia de Figueiredo Pereira do Couto Rosa, Marlene Aparecida Gonzalez Colombo Arnoldi. — 2. ed. — Belo Horizonte: Autêntica, 2014.

   112 p.

   ISBN 978-85-7526-179-8

   1.Pesquisa educacional. 2.Entrevista. I.Arnoldi, Marlene Aparecida Gonzalez Colombo.
   II.Título.

CDU 37.001.5

303.62

Ficha catalográfica elaborada por Rinaldo de Moura Faria – CRB6-1006

Belo Horizonte
Rua Carlos Turner, 420
Silveira . 31140-520
Belo Horizonte . MG
Tel.: (55 31) 3465 4500

São Paulo
Av. Paulista, 2.073, Conjunto Nacional, Horsa I
23º andar . Conj. 2310-2312 Cerqueira César
01311-940 São Paulo . SP
Tel.: (55 11) 3034 4468

www.grupoautentica.com.br

Sumário

Apresentação 7

Técnicas de coleta de dados – a Entrevista 11
    Opção pela Entrevista 14

Origem e evolução histórica da Entrevista 17
    A Entrevista e a produção do discurso 22

Investigação qualitativa – caracterização 29
    Principais tipos de Entrevistas Qualitativas na Educação 29
    Planejamento e realização da Entrevista 38
    Guia de Entrevistas, a seleção dos entrevistados e outros preparativos ... 42
    Protocolo de Entrevista 43
    Aspectos e Seleção de questionamentos 46
    Seleção dos Sujeitos – Critérios 50
    Voluntários e a Confiabilidade nos Resultados Obtidos 54
    Etapas do Desenvolvimento 54
    Análise estatística 67
    Redação 68

Aspectos éticos e exigências com entrevistados especiais e com o entrevistador 69
    O consentimento esclarecido dos participantes e as comissões de ética .. 69
    Danos, riscos e benefícios 71
    Exigências 73
    Aspectos da Entrevista com crianças 76
    Competência do entrevistador e a técnica de Entrevista 81
    Deveres e responsabilidades do entrevistador 82
    O conhecimento científico do entrevistador 84

Questões que definem o uso, as vantagens
e as limitações da técnica de Entrevista 87
    Limitações da Entrevista 88
    Construção, validação e interpretação de resultados 89
    Propostas 96

Considerações finais 99

Referências 103

APRESENTAÇÃO

Cada ciência possui uma gama de sistemas metodológicos próprios que, unindo-se uns aos outros e de forma ordenada, conduzem a investigação científica a resultados satisfatórios.

Sentimos necessidade de um maior aprofundamento no campo científico, com o intuito de solucionar questionamentos que têm sido feitos pelos discentes, mas a teoria da maioria dos autores ligados à literatura vigente parece, até os dias atuais, não ter conseguido indicar caminhos completos e consistentes. Devemos considerar que é relevante a verificação de que todo pesquisador consciente deve saber como selecionar e utilizar adequadamente as técnicas científicas para que os resultados obtidos sejam realmente fidedignos.

Analisamos *a Entrevista*[1] *na pesquisa qualitativa* como técnica de coleta de dados, responsável por resultados e, inúmeras vezes, possibilitadora de intervenções para a resolução dos problemas apontados e detectados.

O *objetivo principal* do trabalho foi o de propiciar condições aos futuros pesquisadores para que optem *consciente e adequadamente* por essa técnica e se inteirem da *sequência lógica* dos procedimentos reais a serem seguidos, quando criteriosamente enveredarem por caminhos direcionados por esse instrumento de avaliação, investigação e/ou intervenção, validando e tornando científicos os resultados finais.

Nenhuma metodologia pode dispensar procedimentos responsáveis por selecionar as informações necessárias, visto que da escolha correta dos

---

[1] O vocábulo "Entrevista" será mencionado, durante toda a pesquisa, com a inicial "E" maiúscula, por opção da pesquisadora.

processos é que resultará a verdadeira contribuição científica da pesquisa, sua fidedignidade e validação.

Diversas tendências fazem recortes diferentes, mas não poderão, jamais, prescindir de procedimentos de coleta de informações. Diante dessa verificação, certificamo-nos de que deveremos proceder a uma pesquisa exaustiva, delineando todos os parâmetros para que uma Entrevista na pesquisa qualitativa se realize a contento.

Cientes de que a questão é "espinhosa" e que já tenha recebido as mais diferentes interpretações, não é de nosso interesse fazer incursões nessa área e muito menos discutir possíveis parâmetros que diferenciem as diversas atividades científicas.

A pretensão é pura e simplesmente reafirmar a posição de que, se a resposta depende da coleta e da real interpretação das informações geradas pelos procedimentos, aqui, no presente estudo: *a Entrevista na pesquisa qualitativa*, tivemos como enfoque a tentativa de se demonstrar que os entrevistadores/pesquisadores são os responsáveis pelo direcionamento e condução da Entrevista, pois deverão oferecer garantias quanto à sua adequação. E só conseguirão esse resultado se forem profundos conhecedores da técnica e dos procedimentos corretos de aplicação, das formas de registros e da categorização.

O pesquisador jamais poderá se furtar à dívida de expor os meios de transformação da informação em dados e de argumentar a favor da sua adequação, que levarão o pesquisador à(s) resposta(s) do problema.

Quanto aos *questionamentos*, enfocamos elementos essenciais para que os objetivos fossem atingidos na tentativa de responder às questões:
- Quais são as habilidades necessárias para que um pesquisador se transforme em um perfeito entrevistador?
- Quais devem ser as técnicas e procedimentos a serem utilizados na Entrevista e como aplicá-los adequadamente?
- Como selecionar e distinguir as características dos sujeitos realmente habilitados para participar da Entrevista?
- Quais são os procedimentos viáveis e os que jamais devem usados na Entrevista?
- Quais são as exigências e os aspectos éticos a serem considerados?

São visíveis os pontos falhos nesse âmbito e as dificuldades de direcionamento pelos discentes, docentes e pesquisadores. E a ocorrência mais grave a ser considerada é a certeza de que um pequeno desvio pode ser responsável por acarretar grandes prejuízos nos resultados e, consequentemente, na contribuição científica.

O presente estudo foi elaborado em cinco capítulos, abaixo situados:

- Capitulo I – "Técnicas de coletas de dados – a Entrevista": quando estaremos esclarecendo os motivos que nos levaram à seleção dessa técnica.
- Capítulo II – "Origem e evolução histórica da Entrevista": quando elaboramos sinteticamente elementos históricos e termos utilizados, periodicamente, na evolução da Entrevista qualitativa.
- Capítulo III – "Investigação qualitativa – caracterização": esse é o capítulo mais amplo e consistente, pois aqui estarão sendo analisados os passos para os resultados e propostas.
- Capítulo IV – "Aspectos éticos e exigências com entrevistados especiais e com o entrevistador": capítulo este que será dedicado às características e aos elementos específicos do entrevistador e dos entrevistados especiais.
- Capítulo V – "Questões que definem o uso, vantagens e limitações da técnica de Entrevista": neste momento estaremos aptos para proceder à delimitação dos procedimentos viáveis para a validação da Entrevista.
- E as "Considerações finais": quando evidenciamos os pontos positivos e os negativos a serem evitados a partir deste estudo.

Técnicas de coleta de dados – a Entrevista

Inicialmente, convém que teçamos algumas reflexões sobre a pesquisa propriamente dita, para posteriormente introduzirmo-nos no tema selecionado para estudo, isto é, uma das técnicas de coleta de dados – a Entrevista na pesquisa qualitativa.

Luna (1988, p. 71) refere-se à pesquisa como "uma atividade de investigação capaz de oferecer e, portanto, produzir um conhecimento 'novo' a respeito de uma área ou de um fenômeno, sistematizando-o em relação ao que já se sabe".

Toda pesquisa, segundo o autor, qualquer que seja o problema, o referencial teórico ou a metodologia empregada, implica o preenchimento de três requisitos básicos:

a) A existência de um questionamento ou hipóteses levantadas a respeito de um determinado tema, que deverão ser solucionadas através de resultados obtidos com o desenvolvimento da pesquisa, chegando-se ao objetivo inicial proposto.

b) A descrição e a elaboração de uma gama de procedimentos, métodos ou técnicas que permitam responder às perguntas adequadamente.

c) O estabelecimento de uma inter-relação entre Entrevistador ↔ Entrevistado para que se crie o vínculo e o grau de confiabilidade, resultando em dados fidedignos para a pesquisa, isto é, se houver necessidade da coleta através de Entrevista.

Portanto, é necessário que haja um problema de pesquisa e, consequentemente, um procedimento que gere uma informação relevante como resposta, demonstrando-se, com fidedignidade, que essa informação é decorrente do procedimento empregado e que as respostas produzidas por ele não são apenas algumas respostas possíveis mas também as melhores, nessas circunstâncias, incluindo-se aí o referencial teórico como respaldo.

O problema, como visto, precisa existir e é o foco da questão para dirigir o trabalho de *coleta de informações* e, posteriormente, organizá-las.

Em resumo, para o autor, toda pesquisa possui uma questão, embora a sua formulação possa variar quanto à natureza.

Para Luna (1998, p. 73), existe uma estrita relação entre *"Problema de Pesquisa ↔ Procedimentos Empregados"*.

Analisando o posicionamento de vários pesquisadores, chegamos à conclusão de que a maioria deles, e pensa-se, por uma razão não muito clara para eles (pois entendemos ser evidente que assim proceda da consequência da falta de conhecimento das técnicas adequadas ao problema a ser solucionado através da pesquisa, pelo pesquisador), assumem a seleção de uma técnica para a coleta de dados, com uma autonomia quase que aleatória e sem muita justificativa.

De acordo com Maria Laura P. Barbosa Franco (1988, p. 77),

> [...] é por este motivo que, inúmeras vezes, pesquisas têm sido desvalorizadas, e, em conseqüência, sua negligência tem gerado uma grande quantidade de produtos inconsistentes, irrelevantes e superficiais.

Não raras vezes, deparamo-nos com pesquisadores, como se fosse esse o menor posicionamento da pesquisa, fazendo a sua opção quanto à técnica a ser utilizada, da seguinte maneira:

"Acho que vou usar um questionário..." ou,

"Não sei ainda, mas sei que não quero fazer observação!" ou,

"Acho que vou optar pela Entrevista participante, embora não saiba bem como exatamente desenvolvê-la...".

E, assim por diante...

Segundo Franco (1988, p. 76),

> a grande maioria se sente sem condições de refletir sobre o que significa realmente uma atividade de pesquisa. Deixam-se levar por modismos e, mal informados, acreditam que os procedimentos a serem utilizados em suas investigações incorporam a capacidade de serem autônomos e, portanto, desvinculados do problema que pretendem estudar.

Para a mesma autora,

> esta questão é reflexo da fragilidade conceitual, de muitos cursos de Metodologia, que não enfrentam uma necessária discussão epistemológica (estudo crítico do conhecimento), fornecendo aos discentes, apenas um rol de técnicas e inviabilizando, assim, a produção de pesquisas consistentes.

Levando-se em conta que a escolha do procedimento e das técnicas adequadas é ponto crucial para o desenvolvimento e a fidedignidade dos resultados das pesquisas, constatamos, inúmeras vezes, grandes lacunas e falhas nos conhecimentos práticos e teóricos durante essa etapa da investigação, por parte dos pesquisadores.

Notifica-se, também, que esta é uma problemática que há muito vêm ocorrendo, efetivando-se e chegando até os dias atuais.

Para Luna (1998, p. 72), "[...] o ponto em questão é que nenhuma técnica pode ser escolhida *a priori*, antes da clara formulação do problema, a menos que a própria técnica seja objeto de estudo".

Concordamos com Luna (1998, p. 73) e Franco (1988, p. 78) quando mencionam aspectos e tendências que são modismos do quotidiano atual. Como exemplo, fazem referência a um investigador interessado em verificar o nível e a qualidade dos rendimentos dos alunos do primeiro grau, de uma determinada disciplina.

> O procedimento atual e incorreto é neste ponto, estabelecer *um roteiro de Entrevista* e já marcar um horário com o professor, na tentativa de que ele ofereça as informações necessárias. Quase com certeza será empregada a análise do conteúdo, cujos pressupostos, na maioria das vezes, são desconsiderados. [...] E, muito provavelmente, haverá um longo questionário para a caracterização do nível sócio-econômico da família do aluno, sendo, no final, desprezado por falta de critérios e análises. (Grifo nosso)

São esses procedimentos utilizados, como foi visto, sem a menor preocupação com a seleção correta das técnicas e uma preparação adequada para que ocorra a real validação dos resultados.

Conforme Franco (1988, p. 79), "[...] é certo que a atribuição de validade dos dados obtidos exige um esforço, também, teórico."

A tendência inicial, portanto, deve ser sempre, por parte dos pesquisadores, a de questionar as *decisões metodológicas* na medida em que o problema em questão não pareça suficientemente claro para entendê-las.

Opção pela Entrevista

Na Entrevista, a realidade empírica (guiada somente pela experiência) é complexa, mas objetiva. Na verdade, a sua aplicação depende de uma série de fatores previamente estabelecidos. Como foi visto, os possíveis conflitos metodológicos entre tendências metodológicas não se explicam pelo uso preferencial de técnicas de coleta de informações, mas, sim, pela maneira como são aplicadas, pela capacidade e pelo conhecimento do pesquisador a respeito da técnica a ser utilizada e pela preparação prévia adequada.

Ao realizar a opção pela Entrevista o pesquisador deverá pressupor inúmeras análises iniciais:

a) O problema em questão será realmente solucionado através da contribuição da utilização dessa técnica?

b) De todas as técnicas de coleta de dados, essa é a que melhor viabilizará o desenvolvimento da pesquisa, fazendo-a fluir, complementando-a e respondendo a todas as dúvidas, com validação?

c) O entrevistador é um profundo conhecedor do tema sobre o qual fará questionamentos?

d) O entrevistador está preparado psíquica e fisicamente para o desenvolvimento da Entrevista?

e) O entrevistador é capacitado e preparado para efetivar a formulação de questões inesperadas, que, na condução da Entrevista, se fizerem necessárias?

f) O entrevistador está capacitado para analisar e codificar corretamente os dados obtidos através das respostas, e com o devido discernimento?

g) O entrevistador tem como proceder com adequação à seleção dos sujeitos para a Entrevista e de maneira justificável?

Todos esses aspectos, entre outros não mencionados, são alguns passos que levarão à validação dos resultados, pois são fios condutores que imprimem significado à investigação. Explicitá-los é uma exigência decorrente da necessidade de sistematização e rigor a serem buscados na produção de conhecimentos.

Na opção pela Entrevista na pesquisa qualitativa, pretendemos neste trabalho estar traçando os parâmetros essenciais que trarão uma grande tranquilidade para os futuros pesquisadores, já que a sua aplicação decorre da formulação do problema e não das características gerais. Salientamos, também, que o centro da questão deve convergir para a relação TEORIA ↔ PROBLEMA.

Como já o disseram explicitamente Kerlinger (1980) e Demo (1981) *apud* Luna (1988, p. 73)

> [...] a partir de conhecimentos parciais obtidos pela limitação do homem, a teoria surge como uma possibilidade de integrá-los. [...] Uma vez elaborada, a teoria passa a servir a dois propósitos importantes: indica lacunas em nosso conhecimento da realidade, e ao mesmo tempo, apesar de parcial, serve de referencial explicativo para os resultados que vão sendo observados.

Conforme Luna (1988, p. 73):

> [...] apesar do poder de abrangência e de generalidade que se espera da teoria, ou que se lhe atribui, ela continua sendo um recorte da realidade. Mesmo teóricos mais antigos e prestigiados como Freud, Piaget e Marx circunscreveram claramente o âmbito de explicação de suas teorias. Em virtude desta restrição, a teoria acaba, por sua vez, priorizando, no planejamento, a coleta de informações capazes de serem absorvidas pela explicação.

O referencial teórico é, portanto, para o pesquisador, um filtro através do qual ele passa a enxergar, com exatidão, a realidade, sugerindo perguntas e indicando possibilidades viáveis e não determinantes.

É interessante a reflexão de Luna (1988), quando diz que não há razão para espanto se dois pesquisadores que estejam lidando com a mesma questão, porém em pesquisas distintas, decidirem pelo uso de procedimentos metodológicos diferentes, nem se ambos optarem pelos mesmos procedimentos.

Segundo Franco (1988, p. 78):

> [...] para ultrapassar um nível meramente descritivo e atingir um nível explicativo, é necessário haver alguns movimentos dialéticos do pensamento, passando do empírico para o concreto, e uma vez claramente estabelecidos os conceitos, com o recurso da teoria, volta ao empírico para compreendê-lo em toda amplitude e complexidade de suas determinações.

Concluindo, qualquer tentativa de confronto entre métodos e técnicas de pesquisa só poderá ser resolvida levando-se em conta o conhecimento do pesquisador, o(s) objetivo(s) contido(s) no problema e a capacidade de explicação do referencial teórico. Portanto, esse é um problema de âmbito infinitamente complexo e discutível, devendo ser amplamente analisado.

Verificando as possibilidades e as vertentes que levam à seleção da técnica de Entrevista para a coleta de dados, explicitaremos, inicialmente, os posicionamentos e conceituações teóricas de alguns autores.

Conforme Thompson (1992) e Burke (1977) *apud* Biasoli-Alves (1998, p. 144),

> a Entrevista é uma ferramenta imprescindível para se trabalhar buscando-se contextualizar o **comportamento dos sujeitos**, fazendo a sua vinculação com os **sentimentos, crenças, valores** e permitindo, sobretudo, que se obtenham **dados sobre o passado** recente ou longínquo, de maneira explicita, porém tranqüila, e em comunhão com o seu entrevistador que deverá, inicialmente, transmitir atitudes que se transformem em transferência e troca mútua de confiabilidade. (Grifo nosso)

De acordo com Witt (*apud* SALVADOR, 1980, p. 9-10), a Entrevista deve ser utilizada "quando **não há fontes mais seguras** para as informações desejadas, ou quando se quiserem **completar dados** extraídos de outras fontes". Ou, ainda, "quando se desejar fazer **observações** sobre aparência e comportamento [...] dos sujeitos, sendo esta uma das principais vantagens da Entrevista sobre as demais técnicas de coletas de dados". (Grifo nosso).

Consideramos essa posição um tanto dogmática e restritiva quanto ao uso da Entrevista como técnica de coleta de dados em pesquisas qualitativas, já que é só através dessa técnica que o pesquisador consegue coletar dados bibliográficos e científicos mais profundos e coniventes com a realidade.

Para Salvador (1980), a Entrevista tornou-se, nos últimos anos, um instrumento do qual se servem constantemente, e com maior profundidade, os pesquisadores das áreas das *Ciências Sociais e Psicológicas*. Recorrem estes à Entrevista sempre que têm necessidade de obter *dados que não podem ser encontrados em registros* e fontes documentais, podendo estes ser fornecidos por determinadas pessoas. Esses dados poderão ser utilizados tanto para estudos de fatos como de caso ou de opiniões.

Portanto, podemos certificar que a opção pela técnica de coleta de dados através da Entrevista deve ser feita quando o pesquisador/entrevistador precisar valer-se de *respostas mais profundas* para que os resultados da sua pesquisa sejam realmente atingidos e de forma fidedigna. E só os sujeitos selecionados e conhecedores do tema em questão serão capazes de emitir opiniões concretas a respeito do assunto.

Origem e Evolução Histórica da Entrevista

> A Entrevista é uma das técnicas de coleta de dados considerada como sendo uma forma racional de conduta do pesquisador, previamente estabelecida, para dirigir com eficácia um conteúdo sistemático de conhecimentos, de maneira mais completa possível, com o mínimo de esforço de tempo.

Analisando a "Entrevista" como uma técnica de coleta de dados, podemos afirmar que não se trata de um simples diálogo, mas, sim, de uma discussão orientada para um objetivo definido, que, através de um interrogatório, leva o informante a discorrer sobre temas específicos, resultando em dados que serão utilizados na pesquisa.

Nos últimos anos, a Entrevista tornou-se um instrumento do qual se serve, constantemente, um grande número de pesquisadores, de várias áreas.

Convém, portanto, que o presente capítulo tenha início, para melhores esclarecimentos, com a introdução do conceito de Entrevista, de acordo com renomado autor da Língua Portuguesa: Aurélio Buarque de Holanda Ferreira (1999).

Para o dicionarista:

> *Entrevista* – [De entr(e). + vista, por anal. com ver/visto/vista, para adapt. do fr. Entrevue, fonte tb. do ingl. interview.] S.f. 1. Colóquio previamente marcado, entre duas ou mais pessoas para se obterem certos esclarecimentos: Entrevista com um médico, com um empre-

gador. 2. Encontro combinado entre duas ou mais pessoas a fim de divulgar ou elucidar atos, idéias, planos, etc. de um dos participantes: uma Entrevista com um ministro, com um artista. [sin. (p.us.), nessas acepç.: entrefala]. 3. Comentário ou opinião fornecida a Entrevistadores para ser divulgado pelos meios de comunicação. *Entrevista Coletiva* – Jorn. Entrevista organizada e concedida a uns grupos de jornalistas de diferentes empresas de comunicação. [Tb. diz-se apenas coletiva.]. *Entrevista Exclusiva* – Jorn. Aquela concedida apenas a uma empresa jornalística [Tb. diz-se apenas exclusiva.] (FERREIRA, 1999)[1]

Nem sempre a Entrevista foi vista da mesma forma. Leituras históricas focalizam a periodicidade e a evolução da investigação com abrangências marcantes, determinadas e, na maioria das vezes, com divergências de pesquisadores para pesquisadores, e de período para período, em consequência das ocorrências científicas do momento.

Demarcaremos abaixo alguns períodos, após estudos e levantamentos efetuados:

- Dos primórdios científicos até 1982, os autores seguiam uma linha em que prevalecia a mensuração, as definições operacionais, as variáveis, os testes hipotéticos e as análises estatísticas. Nessa época, a Entrevista não se constituía de um instrumento privilegiado de investigação.

- Após 1982, priorizou-se enfatizar a descrição, a indução e a teoria que fundamentam o estudo das percepções pessoais. Passou-se a designar essa abordagem como sendo a *Investigação Qualitativa*. Estudiosos e investigadores educacionais passam a se manifestar positivamente a respeito. Privilegiam, essencialmente, a compreensão do comportamento a partir das perspectivas dos sujeitos da investigação. As estratégias mais representativas são: a *Observação Participante* e a *Entrevista em Profundidade*. É dentro dessa nova preocupação que a Entrevista surge como uma técnica de coleta de dados por excelência.

Ao longo do tempo percebemos variações na definição exata do termo "Qualitativo", no que se refere à abordagem qualitativa de pesquisa científica.

Evolução das nomenclaturas com o passar dos anos
Investigação qualitativa → Investigação de campo → Naturalista → Etnográfica → Descritiva

---

[1] FERREIRA, Aurélio Buarque de Holanda. *Aurélio Século XXI* – novo dicionário da língua portuguesa. (Coord.: Margarida dos Anjos; Marina Baird Ferreira). 3. ed. revista e ampliada. Rio de Janeiro: Nova Fronteira, 1999.

Essas foram as nomenclaturas utilizadas por diferentes pesquisadores, porém não significando que todas as expressões tivessem exatamente o mesmo sentido.

Os autores, muitas vezes, se confundiam, e nem sempre havia clareza nos primeiros escritos.

Finalmente, decidem por privilegiar a expressão *Investigação Qualitativa*, que prevalece até os dias atuais, segundo Bogdan e Biklen (1994).

Conforme Valles (2000, p. 190) "constituem **Entrevistas e Investigação** as Entrevistas apresentadas na forma de: conversação social ordinária e as entrevistas profissionais correntes" (Grifo nosso).

Essas Entrevistas de comunicação natural, sobre a vida cotidiana, fornecem informações relevantes de acordo com os objetivos da pesquisa, o tempo e os recursos disponíveis para a sua realização.

Alguns autores têm questionado esse processo de comunicação interpessoal, inscrito em um contexto cultural mais amplo. Entre eles, podemos citar Raymond L. Gorden em sua tese de doutorado na área de Sociologia, da Universidade de Chicago (1954).

Gorden (1975) ressalta que o processo comunicativo para obtenção de informações depende:

a) da combinação de três *elementos internos* à situação da Entrevista:

- Entrevistador.
- Entrevistado.
- Tema em questão.

b) De *elementos externos* à situação de Entrevista ? fatores extrassituacionais que relacionam a Entrevista com:

- A sociedade.
- A comunidade.
- A cultura.

Esse mesmo autor apresenta um fluxograma simbolizando a *macrossituação*: contextualização de escola local, social e cultural. E dentro desse mesmo círculo, a *microssituação* da Entrevista, cuja definição por parte do Entrevistador e do Entrevistado dependerá de uma série de fatores psicossociais que afetam favorável ou negativamente o processo comunicativo.

Fluxograma 1 – Macro e Microssituação da Contextualização para a Realização da Entrevista.

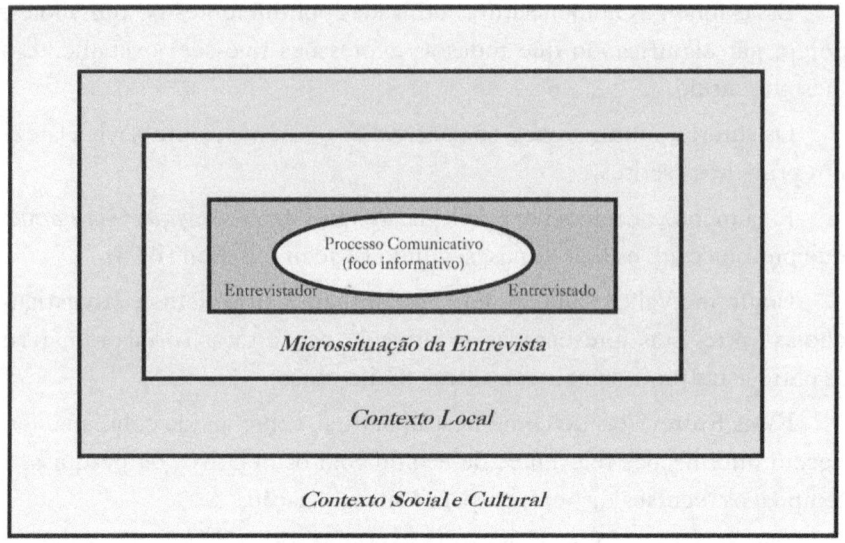

Fonte: Adaptado de Gorden, 1975, p. 85-87 apud Valles, 2000, p. 191.

Como observado no Fluxograma 1 e em conformidade com o autor, todo procedimento humano, científico ou não, dependerá sempre da interferência contextual interna e externa:

- local;
- social;
- e cultural em que se insere.

A complexidade da aplicação de uma Entrevista inicia-se, portanto, na análise inicial de todo um contexto externo, em que estarão inseridos, obrigatória e inevitavelmente, tanto o entrevistado quanto o tema em estudo.

Mesmo não sendo da vontade do entrevistador e do entrevistado, é certo que ocorrerão essas influências sobre os dados decorrentes da investigação científica.

É imprescindível, portanto, que o entrevistador tenha, como ponto de partida, toda a visualização desse contexto externo, cultural e histórico em que está inserido o sujeito a ser pesquisado, e, também neste momento o conteúdo da pesquisa em questão, podendo prosseguir ou iniciar a coleta de dados somente após essa averiguação, para que não se perca em caminhos transversos.

De acordo com o exposto no Fluxograma 1, existe uma cadeia de segmentos simultâneos que devem ser trilhados sequencialmente até a chegada da informação, ou seja, da aplicação da Entrevista propriamente dita.

Necessário se faz que essa sequência fique bem esclarecida para o pesquisador, que deverá levá-la em conta quando no planejamento da Entrevista e, também, na aceitação dos limites expostos aos seus dados e às suas conclusões.

Fluxograma 2 – Sequência: Contextualização

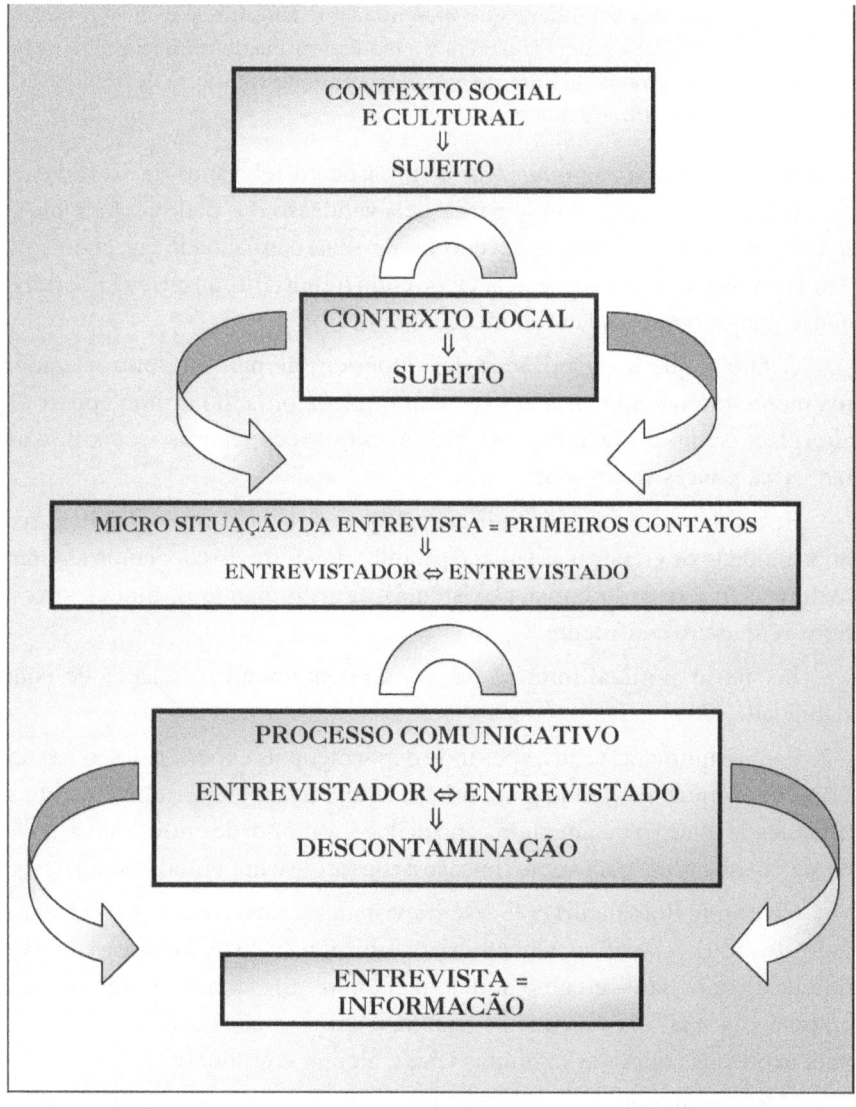

Fonte: Adaptado de GORDEN, 1975, *apud* VALLES, 2000.

A Entrevista e a produção do discurso

Segundo Romanelli (1998, p. 125-126),

> a Entrevista é uma relação diádica, que cria uma forma de sociabilidade específica, limitada no tempo, sem continuidade, em que, inicialmente, os parceiros da díade se defrontam como estranhos, pautados por uma alteridade que aparentemente não admite o encontro e que deve ser superada para que a matéria-prima do conhecimento possa ser produzida durante esse encontro que transforma estranhos em parceiros de uma troca.

Assim sendo, *a confiabilidade* é um aspecto relevante da Entrevista, sendo responsável, em grande parte, pela validação dos dados coletados. O maior enfoque, nesse âmbito, deverá centrar-se na cordialidade que conduzirá a uma inter-relação de confiança. Ocorrendo o contrário, a Entrevista estará, consequentemente, fadada ao insucesso.

O fato é que a organização das experiências para um entrevistador realmente interessado em ouvi-las, e que vai se tornando íntimo apesar da alteridade sempre presente, induz o falante a recuperar aspectos de sua biografia, poucas vezes comentada.

E, assim, no decorrer da conversação já instalada, o entrevistado tem a oportunidade de começar a avaliar o pesquisador/entrevistador como alguém realmente interessado em sua existência, transformando-o, muitas vezes, num verdadeiro confidente.

Instala-se aí a real interação e, consequentemente, a relação de confiabilidade.

Porém, inúmeras vezes, apesar de expor algumas experiências, o Entrevistado continua mantendo a sua privacidade. Nessas circunstâncias, após a dificuldade inicial para interagir-se no diálogo, a alteridade entre ambos deixa de ser um obstáculo para a aproximação e constitui-se num fundamento desta.

Conforme Romanelli (1998), o entrevistador relaciona-se com o entrevistado, de modo específico, não propriamente através do diálogo, mas através de questionamentos; e como aquele não emite julgamento sobre o relato, embora às vezes seja solicitado a fazê-lo, o entrevistado sente-se à vontade para expor suas opiniões e, muitas vezes, alguns sentimentos.

Nesse momento, inicia-se uma interação. O entrevistador deve, nessa situação, agir com discernimento, não se envolvendo emocionalmente, mas aproveitando para fazer uma investigação mais profunda, pois, com certeza, obterá os dados esperados.

Para Caldeira (1980 *apud* ROMANELI, 1998), a Entrevista, inúmeras vezes, serve ao entrevistado como uma opção para o desabafo de questões pessoais que não têm onde ser dirimidas. Mas, essas questões, só raramente, são de interesse para o entrevistador.

Portanto, é necessário que o entrevistador deixe a conversação transcorrer livremente, não interferindo, mas selecionando apenas as respostas que lhe convier.

Segundo Biasoli-Alves (1998), na Entrevista, existem caminhos que se definem por depender da relação entre uma pessoa que pergunta e outra que é detentora da informação, respondendo à primeira, mas através do estabelecimento de uma empatia. Têm-se, por meio da Entrevista (relato oral), informações sobre atitudes, sentimentos e valores subjacentes ao comportamento, o que significa que se pode ir além das descrições das ações, incorporando novas fontes para a interpretação dos resultados pelos próprios entrevistadores.

Portanto, a subjetividade entre entrevistador ↔ entrevistado deve também ser levada em conta, pois poderá transformar-se em dados relevantes para os resultados e os objetivos a serem alcançados.

Da Matta (1981) e Peirano (1995 *apud* ROMANELLI, 1998) chamam a atenção para os incidentes reveladores, quando a mediação ocorre de outra maneira, invertendo as posições, passando o entrevistado a inquirir o seu questionador com o intuito de sanar dúvidas que se instalam no decorrer da interlocução.

É comum que esse procedimento se processe na maioria das Entrevistas, já que existe, inicialmente, um temor por parte do entrevistado em relatar ao entrevistador questões, muitas vezes, pessoais. O entrevistador é ainda, nesse momento, considerado um estranho. E como confidenciar fatos a um desconhecido sem antes interrogá-lo no intuito de verificar se existem, realmente, condições da liberação de informações?

Esse posicionamento, para vários autores, tende a ocorrer com maior frequência quando o universo social e cultural dos envolvidos na Entrevista é muito diferenciado. Ou, também, quando as condições sociais vividas por ambos são bastante próximas.

Sempre, nessas situações, no final das Entrevistas, entrevistador ↔ entrevistado terão trocado diversas perguntas, algumas sobre o tema em questão e outras sobre alguns itens abordados aleatoriamente na Entrevista.

Essa inter-relação de perguntas e respostas simultâneas resume-se no desejo ou no anseio de se estabelecer uma reciprocidade, colocando, assim, em pauta a problemática da subjetividade.

Para Romanelli (1998, p. 128),

> a subjetividade, elemento constitutivo da alteridade presente na relação entre os sujeitos, não pode ser expulsa, nem evitada, mas deve ser admitida e explicitada, e assim, controlada pelos recursos teóricos e metodológicos do pesquisador, vale dizer, da experiência que ele lentamente vai assimilando como pesquisador.

Cabe ao pesquisador/entrevistador estabelecer limites no momento da análise dos dados, devendo ser dotado de habilidades que lhe proporcionem condições de distinguir e de selecionar respostas adequadas ao tema, pois estas, como explicitado, foram emitidas em momentos mais íntimos, repletos de sentimentos e, logicamente, de subjetividade de ambas as partes.

Como já evidenciado, notoriamente esse é um marco positivo para os pesquisadores e para os resultados das pesquisas. O encontro que ocorre na situação da Entrevista é delineado por emoções e sentimentos que emergem no decorrer dessa relação e suscitam reações afetivas no entrevistador, que deve *registrar*, na exposição de seus dados, a irrupção das *emoções* do outro e também das suas.

Contradizem essa fundamentação teórica os autores Malinouski (1997) e Geertz (1983) *apud* Romanelli (1998), afirmando que a empatia que resulta desse encontro não é essencial para a realização de uma Entrevista perfeita, pois julgam que, para conhecer e produzir conhecimentos sobre a existência de alguém, não é necessário que haja uma identificação e interação plena entre as partes.

Mas discordamos disso, já que vislumbramos comprovadas argumentações de vários autores defendendo a tese de que somente ocorrerá fidedignidade e sinceridade nas respostas quando um vínculo afetivo de confiabilidade for estabelecido.

Podemos exemplificar essa situação com a relação estabelecida entre um médico e o seu paciente e os resultados positivos que este vínculo provoca na cura mais rápida de enfermidades. Assim sendo, a inversão de papéis durante a realização da Entrevista deve ser um ponto necessariamente observado pelo entrevistador.

Romanelli (1998) reporta-se a outros aspectos da Entrevista para a construção do discurso: *o Conteúdo*. Para o mesmo autor, "a Entrevista é um processo de construção de dados sobre experiências diversas dos sujeitos expressas pela linguagem, constituindo um produto cultural".

Como tal, segundo o autor, podemos encontrar, na fala dos entrevistados, ocorrências de duas ordens:

- descrição de acontecimentos vividos pelo entrevistado e interpretações dessas experiências através de relatos mais profundos;
- representação dessas vivências e experiências.

Todos esses fatos, porém, constituem imagens, ideias coletivas partilhadas por um segmento específico de pessoas e que são constantemente reproduzidas na prática social.

Essas representações, quando gravadas pelo entrevistador, adquirem uma concretude, mas devem ser consideradas um processo e não uma concepção pronta, estanque e definitiva.

Como verificamos, o entrevistado, ao longo da Entrevista, emite opiniões diversas e, muitas vezes, contraditórias, sobre o mesmo tema.

Na Entrevista, o conteúdo é produzido através de respostas dadas, às vezes, sem muita reflexão, sendo a fala elaborada com a síntese de múltiplas experiências que o entrevistado mesmo seleciona e interpreta no exato momento em que é interrogado ou questionado.

Segundo Romanelli (1998, p. 130),

> este é um dos pontos mais perigosos e densos da Entrevista. Entra aí, o papel do Entrevistador, mas como responsável por proceder uma profunda avaliação, classificando e categorizando as respostas, e organizando-as de acordo com o conteúdo e com o tema, selecionando as palavras e solicitando, às vezes, maiores esclarecimentos, através de novos questionamentos, quando necessário. Outra grande dificuldade é que as falas são produzidas e elaboradas por sujeitos com diferentes recursos reflexivos e com maior ou menor facilidade de expressão verbal.

Portanto, a Entrevista não se limita à coleta de dados, mas a uma gama de procedimentos complexos capazes de conduzir a resultados verídicos ou não.

Como postula Evans-Pritchard (1969), a Entrevista é elaborada de modo artesanal e ancora-se no conhecimento de técnicas de coleta de dados, no método e na reflexão teórica.

Mas, de acordo com Biasoli-Alves (1998, p. 135), o entrevistador deve ser portador de habilidades que o permitam bem descrever, compreender, prever, controlar e analisar adequadamente todos os dados e aspectos da Entrevista. O autor sugere o uso do *Método da Introspecção*, em que os dados dependem da capacidade do entrevistador de verbalizar suas sensações, percepções e raciocínios, no decorrer dos questionamentos, para fazer avançar o conhecimento na área, fatos estes de importância fundamental.

De acordo com Valles (2000, p. 178), a conversação na vida cotidiana como referência para a Entrevista oferece inúmeros dados oportunos. Para o autor, é por meio de uma conversa informal e em tom natural que surgem as oportunidades de aprendizagem das melhores técnicas de Entrevistas.

A conversação, praticada e presenciada em situações naturais do dia-a-dia, é ponto de referência constante e a melhor maneira de exercitar a prática para a realização de Entrevistas. Seguem-se algumas informações, após a análise, dadas por alguns autores, relatando-nos o seguinte:

Para Caplow (1956, p. 175),

> [...] a Entrevista formal se diferencia de algumas conversas da vida cotidiana, sobretudo as que ocorrem entre estranhos e semi-estranhos, ou então partes com interesses distintos, tendo como resultado aspectos mais gratificantes.

Para ele, a Entrevista nos "[...] dá algumas pistas, muitas vezes, semelhantes, mas não são uma conversação".

Schatzman S. Strauss (1973, p. 71) "[...] afirma que o entrevistador de campo entende a Entrevista como uma conversação prolongada".

Para Erlandson *et al.* (1993, p. 85-86)

> [...] as Entrevistas podem adotar uma variedade de formas, incluindo desde as que são pré-determinadas e as que são muito abertas. As mais comuns são as Entrevistas semi-estruturadas, que são guiadas por um conjunto de perguntas e questões básicas que devem ser exploradas, mas sem uma redação exata e a ordem das perguntas pré-determinadas.

Já Denzin (1970, p. 133) "[...] recomenda que os entrevistadores se mantenham sempre dentro dos limites e das regras de etiqueta em relação aos entrevistados".

De acordo com Erlandson *et al.* (1993, p. 86) "[...] as Entrevistas tendem a adotar sempre a forma de um diálogo e de uma interação".

E as razões são:

a) Na Entrevista, a participação do entrevistado e do entrevistador conta com expectativas explícitas: um fala, e o outro escuta.

b) O entrevistador anima, constantemente, o entrevistado a falar, e, pelo visto, as reticências mais comuns desaparecem.

c) O entrevistador deve organizar e manter a conversação, pois ele é o responsável direto pelos resultados, criando um mundo de ilusão, de fácil comunicação em que devem parecer breves as Entrevistas prolongadas.

A Entrevista é, portanto, muito complexa, dependendo sempre de fatores internos e externos, do conhecimento do entrevistador a respeito do tema, da inter-relação entrevistador ↔ entrevistado, para que seja, inicialmente, viabilizada com facilidade.

Concordamos com Valles (2000) e Strauss (1973) quando aconselham, como procedimento viável, para o desenvolvimento da Entrevista qualitativa, o tom *natural de uma conversação* e não de um diálogo propriamente dito. Como já mencionamos, e conforme teoria de vários autores já elucidados nessa pesquisa, a naturalidade leva sempre a uma relação de confiabilidade e, consequentemente, a bons resultados nas respostas dos ques- tionamentos propostos aos entrevistados.

Os vários pontos serão delineados detalhadamente nos capítulos posteriores, já que é de interesse selecionar aspectos positivos e negativos responsáveis por validar ou não a Entrevista na pesquisa qualitativa.

Investigação Qualitativa – Caracterização

Principais tipos de Entrevistas Qualitativas na Educação

A Entrevista pode ser classificada, de acordo com o nível de estruturação e roteiro de questões utilizadas, em:

a) Estruturada.
b) Semiestruturada.
c) Livre.

Entrevistas Estruturadas:

Elaborar um roteiro de Entrevista Estruturada impõe o estabelecimento de questões formalmente elaboradas, que seguem uma sequência padronizada, com uma linguagem sistematizada e de preferência fechada, voltando-se para a obtenção de informação, através de respostas curtas e concisas, sobre fatos, comportamentos, crenças, valores e sentimentos, mas, muitas vezes, não se fazendo chegar aos resultados gerais esperados, pelo tipo de elaboração e preparação a que se presta.

É necessário que, nesse tipo de Entrevista, haja exigência, por parte do pesquisador, de que seus sujeitos sejam verdadeiros e objetivos, e de que o próprio pesquisador elabore um roteiro que avalie igualmente todos os sujeitos em quem for aplicada a técnica.

Nesta Entrevista a linguagem utilizada levará a uma seleção natural dos participantes condicionando até o tipo de informante que poderá participar da pesquisa. As questões estarão colocadas numa sequência lógica, implicando serem feitas, inicialmente, as mais fáceis, isto é, de respostas objetivas e diretas. E, depois, as que pedem julgamento, descrição, reflexão, conhecimento do tema e avaliação.

O objetivo de Biasoli-Alves (1998, p. 144) é

> fazer com que os entrevistados informantes *levantem barreiras* e se afastem do pretendido em função da maior ou menor facilidade (exigência das perguntas) e, também para que eles se sintam à vontade ao perceberem que dão conta da tarefa que o pesquisador lhes propôs, fazendo com que o seu discurso flua com maior facilidade. (Grifo nosso)

Normalmente, os dados colhidos através de um roteiro estruturado serão submetidos a uma *análise quantitativa*.

Segundo Valle (2000), as Entrevistas Estruturadas podem ser:

- ESTRUTURADA E PROGRAMADA:

Todas as perguntas devem ser comparadas, de maneira que, quando ocorrem variações e/ou distinções, estas possam ser atribuídas às respostas e não ao instrumento. Nesse tipo de Entrevista, a verificação e a análise dos dados são facilitadas pelo uso de estatísticas e porcentagens, que conduzem ao resultado, já que a maioria das respostas é fechada, não dando, portanto, margem à discussão.

- ESTRUTURADA E NÃO PROGRAMADA:

Distingue-se da anterior por:

- as perguntas ao entrevistado devem ser feitas através de termos familiares;
- não há uma sequência de perguntas satisfatórias para todos os entrevistados.

É necessário, entretanto, que se consigam paralelos que possibilitem ao entrevistador termos de comparação entre as respostas possíveis a serem emitidas pelos entrevistados, através da análise e da preparação dos questionamentos, fase esta anterior à seleção dos sujeitos a serem entrevistados, de maneira que ocorra uma ordem nas perguntas e na maneira de conduzi-las, para que os resultados sejam, realmente, validados.

Entrevistas Semiestruturadas:

As questões, nesse caso, deverão ser formuladas de forma a permitir que o sujeito discorra e verbalize seus pensamentos, tendências e reflexões sobre os temas apresentados. O questionamento é mais profundo e, também, mais subjetivo, levando ambos a um relacionamento recíproco, muitas vezes, de confiabilidade. Frequentemente, elas dizem respeito a uma avaliação de crenças, sentimentos, valores, atitudes, razões e motivos acompanhados de fatos e comportamentos. Exigem que se componha um roteiro de tópicos selecionados. As questões seguem uma formulação flexível, e a sequência e as minúcias ficam por conta do discurso dos sujeitos e da dinâmica que acontece naturalmente.

De acordo com Dias da Silva (*apud* BIASOLI-ALVES, 1998, p. 14),

> nesta Entrevista questões gerais são levantadas. As questões nesse caso são abertas e devem evocar ou suscitar uma verbalização que expresse o modo de pensar ou de agir das pessoas face aos temas focalizados. Devem visar, também, facilitar as lembranças dos informantes e que eles principiem a falar sobre o tema, para que se instalem, aí, noções de credibilidade. Cada um deverá compor uma seqüência particular e abordar com mais ou menos detalhes um fato, da maneira que melhor lhe convier. Tornam-se Entrevistas longas, que irão permitir tanto a análise quantitativa das respostas às questões que abordam pontos objetivos, quanto, e em especial, uma análise qualitativa do discurso dos informantes.

Entrevistas Livres:

Segundo Valle (2000), não há sequer uma lista de perguntas abertas para serem feitas a todos os entrevistados. Por exemplo, se quisermos descobrir a estrutura de uma organização e o seu funcionamento, é necessário que sejam feitas questões diferentes para os ocupantes de posições diversas, dentro da mesma instituição ou empresa etc.

Para Fernandes (1991), as Entrevistas Livres são feitas através de um relato oral que coleta informações em que o interlocutor desenvolve suas ideias quase sem interferência do Entrevistador. Tem-se, nesse caso, uma narrativa que segue uma sequência em função do que e como o sujeito recorda, da seleção que ele faz de acontecimentos e pessoas a ele relacionadas e do que ele pretende relatar.

Pelas suas características, alguns autores afirmam que a análise possível a ser efetivada nesse tipo de Entrevista deve ser muito especial e particular, pois frequentemente fica confinada a uma "classificação mental", que deve ser feita pelo entrevistador, das informações emitidas pelo informante.

A escolha, portanto, do tipo de estruturação dos roteiros para levar a efeito as Entrevistas já permite identificar diferenças nos valores atribuídos à objetividade e à subjetividade.

Assim, o *Relato Oral* também não pode sofrer uma atribuição geral e única com estratégia que permita e/ou possibilite dados objetivos, confiáveis, fidedignos ou contrariamente subjetivos, de fácil deturpação.

Uma outra forma de *classificar o tipo de Entrevista* é utilizar como referência o *objetivo* da mesma. Só assim poderá ser direcionada a seleção das questões a serem realizadas, podendo, então, ser: estruturadas, semiestruturadas ou livres.

Para Nahoum (1961, p. 8-9), "[...] a natureza da Entrevista varia evidentemente de acordo com o propósito perseguido e a que se destina. Em geral é utilizada para averiguar algo, para entender ou para interferir em sentimentos ou comportamentos".

Para o autor, a Entrevista pode classificar-se em:

a) Entrevista de Diagnóstico:

Para a coleta de dados, nesse tipo de Entrevista, opta-se por recorrer à biografia do sujeito, determinando, através dos questionamentos e das respostas dadas, suas opiniões, atitudes e características pessoais. Esse procedimento é muito utilizado em crianças para diagnosticar distúrbios, patologias, dificuldades escolares, etc.

b) Entrevista de Investigação:

Através da seleção de pessoas competentes, procuram-se reunir tanto dados úteis para as hipóteses levantadas como respostas às mesmas. Essa Entrevista é muito usada como coleta de dados científicos.

c) Entrevista Terapêutica:

É o procedimento que tenta readaptar socialmente o sujeito, reorganizando as suas atividades de forma coerente e de acordo com o seu contexto social.

Dessa forma determinam-se:

- As intenções do entrevistador: será um diagnóstico, uma investigação ou uma terapia/intervenção?
- E, também, a natureza e a função social a que se destina a Entrevista e a situação psicossocial, para que sejam aplicadas as técnicas corretas e eficazes.

É válido lembrar que toda Entrevista eficaz deve ter a cooperação total do sujeito.

De acordo com Valle (2000), existem ainda outros tipos de Entrevistas que devem ser aqui elencadas:

Entrevista Especializada ou de Elites:

Nesse tipo de Entrevista, o entrevistador deve permite ao entrevistado falar sobre o problema e fazer questionamentos.

Conforme Dexter (1970) *apud* Valles (2000, p. 188), "a Entrevista com qualquer entrevistado [...] deve seguir um tratamento especial, não fechado e não estandardizado".

Portanto, o viável é que:

• o sujeito entrevistado defina a situação;

• o sujeito seja animado a estruturar o relato da situação;

• se permita ao entrevistado introduzir, numa medida considerável, suas noções do que considera relevante, em lugar de a relevância depender das noções do entrevistador.

Assim, o entrevistador apenas define a pergunta e o problema.

Essas são Entrevistas a serem realizadas com pessoas cultas e bem informadas, tais como políticos e profissionais de prestígio, que bem poderão formular e responder a questionamentos, estruturando adequadamente o problema. Por isso o termo *Entrevista de Elites*.

Para Alonso (1994, p. 225-226), outro tipo muito específico de Entrevista é a *Entrevista em Profundidade*. Para o autor, este tipo de Entrevista é um processo comunicativo de extração de informação por parte de um entrevistador. Nessa informação, segundo Alonso, encontramos a biografia da pessoa entrevistada.

Segundo Valles (2000, p. 198), podemos agrupar vários termos usados por outros autores para designar a *Entrevista em Profundidade*, tais como:

• Entrevista Biográfica (LEVINSON *et al.*, 1978).

• Entrevista Intensiva (BRENNER, 1985).

• Entrevista Individual Aberta Semidireta (ARTÍ, 1986).

• Entrevista Longa (MCCRACKEN, 1988) etc.

A expressão *Entrevista em Profundidade*, segundo Gorden (1956) e Banaka (1971), parece ter ganhado a batalha do uso entre uma série de termos afins com sentidos diversos.

Para McCracken (1988, p. 7), "a Entrevista longa requer preparação e estrutura especial incluindo o uso de questionário aberto de maneira que o investigador possa rentabilizar o tempo empenhado com o entrevistado".

De acordo com Schwartz e Jacobs (*apud* VALLES, 2000, p. 190), os questionamentos, em geral, em todas as Entrevistas, podem se resumir em:

a) os organizados com antecipação (são estes os fechados e os abertos);

b) os que surgem durante a realização das Entrevistas (imprevistos e necessários).

Podemos citar também a *Entrevista Focalizada*:

Para Merton, Fiske e Kendal (*apud* VALLE, 2000, p. 184),

> a Entrevista focalizada é considerada uma *Entrevista qualitativa*, onde os entrevistados estão expostos a uma situação concreta onde o entrevistador já terá estudado antecipadamente a situação derivando numa análise de conteúdo sobre os efeitos de determinados aspectos da situação. (Grifo nosso).

A Entrevista, portanto, só é preparada a partir da análise do conteúdo e das hipóteses levantadas. A Entrevista se centraliza nas experiências subjetivas dos sujeitos expostos e na situação com o propósito de contrastar as hipóteses e averiguar as respostas e os efeitos antecipados.

Para Merton e Kendall (1946, p. 545) *apud* Valle (2000, p. 185), a Entrevista Focalizada para se obter resultados produtivos deve basear-se em quatro critérios:

- **Direção** – deixar que os entrevistados emitam respostas livres e espontâneas e jamais forçadas ou induzidas.
- **Especificidade** – conduzir os entrevistados à emissão de respostas concretas e não difusas nem genéricas.
- **Amplitude** – indagar sobre a gama de evocações experimentadas pelo sujeito.
- **Profundidade e contexto pessoal** – a Entrevista deverá averiguar as implicações afetivas com a carga valorativa das respostas dos sujeitos para determinar as experiências do entrevistado. Deverá obter o contexto social relevante, a sociabilidade, as crenças e os ideais.

Já Patton (1990 p. 28) vislumbra quatro modalidades para as *Entrevistas Qualitativas*:

a) **Entrevista Informal** – realização das perguntas de acordo com o contexto, sem que haja uma seleção prévia de temas e uma redação prévia das perguntas a serem feitas.

b) **Entrevista Guiada** – caracteriza-se pela preparação de temas a serem tratados, dando ao entrevistador a liberdade de ordenar e formular as perguntas durante o encontro.

c) **Entrevista com Questões Abertas** – quando é preparada uma lista de questões ordenadas e redigidas, da mesma forma, para todos os entrevistados, tendo como resultado respostas livres e abertas.

d) **Entrevistas com Questões Fechadas** – é a preparação de uma lista de questões ordenadas e redigidas, de uma mesma forma, para todos os entrevistados, mas resultando em respostas fechadas.

Segundo Patton (1990, p. 135), só as três primeiras podem ser consideradas como de cunho qualitativo. Ele afirma ter percebido que muitas Entrevistas estruturadas e programadas se convertem, no seu final, em Entrevistas plenamente informais. Sua experiência investigadora levou-o a concluir que tudo ocorre devido a uma profunda reflexão metodológica.

Faz-se necessário evidenciar, também, os tipos de Entrevista Profissional, Entrevista de Investigação Social e suas variedades.

Miller, Crute e Hargie (1992) *apud* Valle (2000, p. 181) concordam quanto à variedade das classes de Entrevistas.

Dentro das Entrevistas consideradas uma supercategoria profissional, os autores distinguem cinco categorias menores:

a) **Entrevista de Assessoramento**: essa é a categoria mais genérica e indefinida das cinco, pois engloba uma gama de profissionais e clientes muito variados, tais como: assessor jurídico, financeiro, laboral, psiquiátrico, médico, de imagem etc.

b) **Entrevista de Seleção**: utilizada inteiramente para a avaliação de candidatos a serem selecionados para algum emprego.

c) **Entrevista de Investigação**: conhecida como técnica de obtenção de informação relevante para todos os objetivos de um estudo, podendo adotar formatos e estilos variados.

d) **Entrevista Médica**: corresponde a uma modalidade clássica de Entrevista, em que há um inter-relacionamento: médico-paciente, enfermeira-paciente, variando segundo a especialidade médica, enquadrando-se, muitas vezes, como Entrevista de Assessoramento em sentido terapêutico.

e) **Entrevista de Evolução e Promoção Liberal**: é uma modalidade caracterizada por sua aplicação em contextos de formação e gestão de recursos humanos.

Delimitaremos, nesse momento, após as análises anteriores, dois tipos de Entrevistas mais específicas e distintas das demais já citadas.

Inicialmente, situaremos a *Entrevista de Observação Randômica*.

Para Almeida (1989, p. 71), esse tipo de Entrevista não pode ser considerado como científico. Em geral, observa-se um fenômeno ou uma situação para satisfazer um interesse particular.

As variáveis não são conceitualizadas, os questionamentos não são formulados, e não existe propriamente uma população específica com quem a Entrevista possa ser realizada a contento.

A abordagem randômica tem muita afinidade com o estilo jornalístico, quando se contactam pessoas na rua para se obter respostas às perguntas. E as respostas, por sua vez, são emitidas sem nenhuma reflexão e, portanto, não correspondem, na maioria das vezes, à realidade. *Se não são reais, não podem ser científicas.*

Podemos citar também, conforme Fernando Tarallo (1994), a *Entrevista Sociolinguística*, destinada a coletar dados referentes à linguagem, ao vocabulário técnico e regional, às variantes linguísticas, à origem e a outros aspectos mais profundos ligados à língua. Trata-se de um modelo teórico-metodológico que assume o "caos" linguístico ou o próprio vernáculo como objeto de estudo.

E, para análise sociolinguística é necessário um grande número de dados, uma vez que o pretendido é o estudo da língua falada em situações naturais de comunicação.

Para que os resultados se concretizem, o importante é que a presença do entrevistador de forma alguma interfira na naturalidade da situação de comunicação. Portanto, sugere-se que o pesquisador/entrevistador cumpra os procedimentos já relacionados de interação com os sujeitos, em um momento anterior à Entrevista, para que a naturalidade se instale.

O entrevistador deverá tentar neutralizar a força exercida pela presença do gravador, ou de outros meios utilizados para a coleta de dados, e a da sua própria presença como elemento estranho.

A palavra "língua" deve ser evitada a qualquer preço, pois o objetivo maior é que o entrevistado/informante não preste atenção na sua própria maneira de falar, pois a fala, como já mencionado, é o próprio objeto de pesquisa. Sugere-se que o entrevistador faça com que o entrevistado narre experiências pessoais. O informante, assim, desvencilha-se praticamente de qualquer preocupação com a forma.

A exceção reside no ato ético da questão, pois o entrevistador jamais poderá deixar claro para o entrevistado que o seu objetivo é estudar a língua tal qual é usada por ele. Se o entrevistado inadvertidamente tiver ciência da verificação real a que está sendo submetido, com certeza alterará a sua maneira de falar, e o objeto de pesquisa não terá mais valor. A Entrevista então pode ser considerada nula.

Um outro conselho é que o entrevistador acomode o seu comportamento social e linguístico ao do entrevistado.

Assim sendo, o aconselhável nas Entrevistas Sociolinguísticas é que o consentimento para a publicação dos dados seja feito pós-entrevista, sendo este um dos maiores problemas quanto ao aspecto ético.

Após análise dos autores acima elucidados, pudemos concluir e propor:

Fluxograma 3 – Conclusão e Propostas para uma Investigação Qualitativa quanto aos Contatos, Estrutura dos Questionamentos e Procedimentos Viáveis

RESULTADO DA ANÁLISE COMPARATIVA DOS AUTORES		
PROCEDIMENTOS	DENOMINAÇÃO FINAL	PROPOSTAS
CONTATOS	• Profissionais. • Sociais.	Que todas as Entrevistas, indistintamente, sigam os passos das **Entrevistas Profissionais (clínicas)** para que a **confiabilidade se instale = resultados reais.**
ENTREVISTAS	• Estruturadas. • Semi-estruturadas. • Livres.	São várias as denominações utilizadas pelos autores, mas que, no final, se estruturam como se seguissem todas, indistintamente, esta **denominação comum.**
DISCURSO	Constitui um marco social da situação: • Espacial. • Temporal. • Social.	Todo pesquisador deve ter como preocupação inicial situar a **macrossituação social** em que a Entrevista será realizada para que o **Discurso** seja viabilizado a contento.

Fonte: ROSA, M. V. de F. P. do C.; ARNOLDI, M. G. C. *Considerações elaboradas após pesquisas efetivadas*, 2002/2003.

Após a análise das conceituações teóricas, elucidadas pelos autores acima evidenciados, e de acordo com as considerações gerais anteriores, gostaríamos de mostrar, descritiva e detalhadamente, o que pudemos verificar:

• Que as *designações e subdivisões* são várias, distinguindo-se de pesquisador para pesquisador, mas, no final, direcionando-se todas, sem exceção, para uma denominação geral, que certificamos ser a mais comum: *estruturadas, semiestruturadas e livres.*

- Uma vez verificadas as *Entrevistas de Investigação Social* em conjunto com as *Entrevistas Profissionais*, pudemos concluir que os processos através dos quais são mantidos os *contatos para as Entrevistas*, são bastante distintos, mas finalizando como:
  - *Sociais*, e
  - *Profissionais*.
- Entre entrevistador e entrevistado nas *Entrevistas Profissionais* (exemplo: médico-paciente), resultam respostas fidedignas.
- Já as de *Cunho Social* são mais complexas, e o vínculo se faz com maior dificuldade, podendo até vir a não ocorrer.

Isso nos leva a sugerir que todas as Entrevistas, independentemente dos resultados esperados, deveriam seguir os procedimentos de vínculo como os utilizados nas *Entrevistas Profissionais*, isto é, o estabelecimento de um relacionamento afetivo, ocasionado naturalmente, proporcionado *por vários contatos* até que a confiabilidade se instale; e a partir daí, os dados fluiriam, com certeza, com muita precisão.

Concluindo e compactuando com o pensamento de Biasoli-Alves (1998) e Gorden (1975), podemos, portanto, afirmar que toda Entrevista é uma construção comunicativa de um simples registro de discursos dos entrevistados. *Os discursos* não são resultados de uma maneira preexistente e absoluta da realização e de sua forma de estruturação, pois constituem um *Marco Social* da situação. O discurso surge, pois como resposta a uma situação investigatória com a presença de interlocutores (Entrevistador ↔ Entrevistado). Cada entrevistador deve ser responsável por preparar a Entrevista, segundo a cultura, a sensibilidade e o condicionamento particular do tema, e, o que é mais importante, segundo o contexto *espacial, temporal* e *social*, dando-se ênfase ao aspecto emocional e afetivo do entrevistado, para que ocorra a validação e a valorização do tema em questão.

Planejamento e realização da Entrevista

Para Nuremberg (*apud* VIEIRA; SAAD, 1998, p. 112),

> as Entrevistas devem ser planejadas da melhor maneira possível. Não é conveniente expor as pessoas ao desconforto e à inconveniência, além de possíveis danos sem que isto leve a resultados positivos.[...] Para planejar a Entrevista é necessário que o entrevistador(a) conheça profundamente a metodologia científica. Os erros de análise de dados e de interpretação podem ser corrigidos até pouco antes da apresentação dos resultados. Mas, os erros cometidos no planejamen-

to da Entrevista são, na maioria das vezes, irremediáveis. Por isso, é imprescindível que um estatístico participe das decisões desde o início da pesquisa – Entrevista.

Segundo o mesmo autor,

> o profissional em estatística não tem, muitas vezes, a competência para sugerir as questões que devem ser colocadas em teste, mas pode sugerir, quando for o caso, a metodologia que deve ser usada em função do que se pretende estudar ou averiguar. [...] A interferência estatística deve ser feita dentro do contexto em que a Entrevista for conduzida. Se esta for mal delineada ou se a amostra for obviamente tendenciosa – não imposto o grau de sofisticação da análise estatística – o trabalho obviamente não terá valor.

Portanto, como já verificado e de acordo com o nosso ponto de vista, consultar um estatístico adequado e consciente pode ser aconselhável e de grande valia, pois esse profissional geralmente é capacitado e conhecedor dos passos metodológicos adequados a serem seguidos, embora os valores coletados na Entrevista qualitativa sejam, na maioria, muito pessoais e não quantitativos, mas devem ser categorizados adequadamente.

Conforme Valles (2000, p. 192), na preparação da Entrevista, é importante saber que, antes do encontro entrevistador ↔ entrevistado, um investigador experiente pode e deve preparar boa parte da interação para facilitar o trabalho do entrevistador, auxiliando, também, para que se instale, com maior propriedade, a seriedade por parte do futuro participante, após iniciais esclarecimentos.

Gorden (1975, p. 99-100) insiste em afirmar, com muita objetividade, que, uma vez iniciada a Entrevista, pouco se pode fazer para que haja uma modificação nesta relação triádica (entrevistador ↔ entrevistado ↔ informação). E diz que o fluxo informativo relevante só vai ser válido e confiável dependendo da interação de a situação em que foi preparada a Entrevista, sendo importante, também, a relação entre a situação, a comunidade local e a sociedade mais ampla.

De acordo com Gorden (1975), destacamos:

a) seleção de entrevistados mais capazes e dispostos a dar informações relevantes;

b) seleção dos entrevistadores que deverão ter a melhor relação com os entrevistados;

c) verificação e delimitação do tempo e lugar mais apropriados para a Entrevista.

Para Gorden (1975), são de fundamental importância as implicações metodológicas principais que fazem alusão ao modelo de realização e execução da Entrevista.

Conforme preleciona Queiroz (1987 *apud* BIASOLI-ALVES, 1998), o Entrevistador, ao entrar em contato com os sujeitos, é guiado pelo tema e por seus interesses, selecionando, portanto, os elementos a serem entrevistados, em função do que convém ao projeto. Só a partir daí é possível que se estruture integral e rigidamente um roteiro, levantando-se os tópicos que se deseja abordar ao longo da Entrevista. Estes são lançados sem uma sequênciação previamente sistematizada, ou deixando-se que a fala do sujeito siga livre, com uma mínima direção por parte do pesquisador.

Conforme Valles (2000, p. 203), um dos elementos principais para a adequada preparação da Entrevista é o *Guia para a Entrevista*, precisando este da pesquisa de campo para melhorar e estabilizar-se.

Outro aspecto relevante diz respeito à *seleção dos sujeitos* a serem entrevistados. Só assim poderão ser tomadas algumas decisões mestras da fase de preparação e outras durante o trabalho de campo, seguindo roteiros orientados por análises preliminares.

Segundo inúmeros pesquisadores renomados, é imprescindível, para que as respostas dos entrevistados sejam reais, que haja um acolhimento ou um contato inicial entre entrevistado ↔ entrevistador, fora do contexto da Entrevista, para que ambos adquiram afinidade e confiabilidade. É o momento da transferência do conhecimento mútuo. Com certeza, dessa forma, as respostas e os resultados fluirão com maior espontaneidade e rapidez. Outro aspecto relevante que deve ser evidenciado é que, no decorrer da Entrevista, existe uma simultaneidade de interlocuções: o entrevistador penetra na existência do entrevistado, e este, de sua parte, também avalia o interlocutor, construindo uma imagem e atribuindo-lhe uma identidade.

Segundo Caldeira (1980 *apud* ROMANELLI, 1998, p. 126), "[...] mesmo a relativa semelhança de condições sociais e culturais de ambos não exclui a relação de poder de que está investido o entrevistador que indaga e extrai informações".

O discurso, portanto, se realiza nessa trama de relações de "força":

- O Entrevistador → indaga, perscruta, registra respostas e reações do outro.
- O Entrevistado → organiza e seleciona ideias, lembranças e sentimentos para compor as respostas adequadas e selecionadas com discernimento.

Esse autor apresenta um gráfico ilustrativo que adaptamos e mostramos a seguir:

Fluxograma 4 – Organização do Discurso

```
                 ORGANIZAÇÃO DO DISCURSO

         ┌──────────────┐        ┌──────────────┐
         │ ENTREVISTADOR│ ⇐⇒    │ ENTREVISTADO │
         └──────┬───────┘        └──────┬───────┘
                │                       │
                ▼                       ▼
         ┌──────────────┐        ┌──────────────────┐
         │Indaga, perscruta,│    │Organiza, seleciona│
         │registra respostas e│⇔ │idéias, lembranças e│
         │reações.      │        │sentimentos.      │
         └──────────────┘        └──────────────────┘
                         ▼
                ┌──────────────────┐
                │ COMPÕE A RESPOSTA│
                └──────────────────┘
```

Fonte: Adaptado de CALDEIRA *apud* ROMANELLI, 1998, p. 127.

Portanto, através do diálogo, que é na verdade quase um monólogo, o entrevistador tenta alcançar um conhecimento que o outro não possui, mas vivencia.

Com questionamentos diversos, o entrevistador conduz o entrevistado para que se volte para si próprio, fazendo-o lembrar de acontecimentos, datas, relações por ele vividas, de modo a compor um relato coerente e organizado para si mesmo e para aquele que o ouve.

Guia de Entrevistas, a seleção dos entrevistados e outros preparativos

Conforme Valles (2000, p. 203) *et al.*, fazem parte do planejamento a elaboração de Guias de Entrevistas, a Seleção de Entrevistados e outros preparativos.

Qualquer estudo surge com o propósito de indagar sobre questões mais ou menos formuladas.

A informação (*temas, objetivos*) que se considere relevante a um estudo será o que determinará, em grande parte, a seleção de entrevistados, de entrevistadores, estilo e recepção e o cenário temporal e espacial.

O Guia de Entrevistas deve conter os temas e os subitens formulados de acordo com os objetivos informativos da investigação. Porém, não proporciona formulações textuais de perguntas nem sugere as opções de respostas.

Trata-se de um esquema com os pontos a serem tratados, pois não é fechado, e a ordem, necessariamente, não tem que ser seguida.

Nas Entrevistas menos dirigidas, o que interessa é justamente recorrer ao fluxo de informações particulares de cada entrevistado e captar aspectos não previstos no guia que se incorporarão a este se considerados relevantes.

Os autores Moyser (1987, p. 56), Alonso (1994, p. 233-234) e Weiss (1999, p. 48-49) concordam quanto à situação de interação ser um marco responsável por definir, delimitar ou pautar novos questionamentos para o Guia de Entrevista, no momento em que ela esteja sendo realizada.

Valles (2000, p. 192), para complementar a caracterização do modelo de Gorden, afirma que, "durante a realização de qualquer Entrevista, o processo comunicativo":

Entrevistador ↔ Entrevistado,

em torno de uma série de temas e questões, apresenta um ciclo de atividades repetidas".

O ciclo se *inicia* com a primeira intervenção do entrevistador fazendo saber ao entrevistado a classe de informação que necessita (comunicação verbal), mas transmitindo também mensagens não verbais.

É nesse momento do processo que ocorre uma transmissão de *motivação*.

O entrevistado interpreta o que se pede no questionamento (pergunta) e responde com uma informação que lhe parece relevante, filtrada por sua capacidade e vontade de transmiti-la, pois *a memória afeta a capacidade*, e a *autocensura afeta a vontade*.

O ciclo se *completa* quando o entrevistador codifica e qualifica essas informações, verificando se são ou não relevantes para o estudo e tema em questão.

Posteriormente, o entrevistador avalia a motivação, a relação interpessoal, a sintonia e decide lançar outra pergunta animando o entrevistado a continuar.

De acordo com o consenso de vários autores, a *motivação* é um aspecto primordial para que a Entrevista se realize a contento.

Conforme Kahn e Cannell (1957), a *motivação* do entrevistado é considerada em razão da sua situação social, da natureza e do elo de ligação entrevistador ↔ entrevistado, percepção que cada um tem do outro e da tarefa conjunta que será realizada.

Resumindo, tais dados indicam a necessidade da busca de um modelo de motivação que considere a Entrevista como um processo social e o produto como um resultado social.

Para Millar, Crute e Hargie (1992, p. 17 e ss.) existe um modelo social de Entrevista, repleto de: comunicação, interação interpessoal, proposto por Hargie Y' Marshall, em 1986, e que permite uma verdadeira interação didática:

Entrevistador ↔ entrevistado = meta, motivação, fatores mediadores, *feedback* e percepção.

Esse modelo se completa com elementos cruciais da interação social:

• Fatores pessoais – características físicas e sociodemográficas.

• Fatores situacionais – não só os relativos ao ambiente físico mas também às pautas habituais de atuação em cada situação e cenários.

Portanto, o *Guia de Entrevista* deve ser elaborado, principalmente, com o intuito de efetivar a *Motivação* entre entrevistado e entrevistador.

Protocolo de Entrevista

O Protocolo de Entrevista é um documento que contempla à sua descrição em seus aspectos fundamentais, às informações relativas aos sujeitos da Entrevista, à qualificação do entrevistador e a todas as instâncias responsáveis.

O entrevistador deve dar ciência ao entrevistado de todos os procedimentos a serem utilizados para a manutenção do sigilo, devendo também transmitir-lhe tranquilidade a esse respeito, verificando quais as consequências para ambos se o sigilo não se mantiver.

Toda Entrevista é feita para responder a uma série de questionamentos e hipóteses. Por isso, insiste-se hoje na necessidade de se descrever o plano em um Protocolo de Entrevista, cuja versão preliminar serviria, pelo menos, para identificar eventuais dificuldades. Aconselha-se, segundo Vieira e Hossne (1998, p. 105), que a versão final do protocolo para o entrevistador contenha, no mínimo, os seguintes itens:

a) **Roteiro de Protocolo para o Entrevistador:**

• Histórico e Objetivos;

• Construção do Roteiro;

- Critérios para a Seleção de Entrevistados;
- Modelo do Formulário de Consentimento;
- Previsão de Formas de Acompanhamento da Entrevista;
- Seleção de Critérios para o Registro dos Dados e Transcrição;
- Sistema de Análise e Avaliação dos Dados Obtidos;
- Sistematização dos Dados;
- Elaboração do Relatório ⇔ Redação.

b) **Roteiro de Protocolo para – Entrevistador/Entrevistado/Instituições envolvidas:**

Título do Projeto:		
Nome do Entrevistador:		
R.G.:	C.P.F:	
Telefone:	Celular :	E-mail:
Endereço:	n.:	Bairro:
Cep.:	Cidade:	Estado:
Instituto e/ou Organização:		

DESCRIÇÃO DA ENTREVISTA
1. Descrição dos propósitos e das hipóteses a serem verificadas.
2. Antecedentes e dados que justifiquem a Entrevista.
3. Descrição detalhada e ordenada do projeto da Entrevista (material e métodos, casuística, resultados esperados etc.)
4. Análise crítica de prejuízos e benefícios.
5. Duração e etapas da Entrevista, após a aprovação.
6. Explicitação das responsabilidades do entrevistador, da instituição etc.
7. Explicitação de critérios para suspender ou encerrar a Entrevista.
8. Local da Entrevista: detalhar as instalações e as acomodações nas quais se processarão as várias etapas da Entrevista.
9. Demonstrativo de uma infraestrutura adequada e necessária para o bom desenvolvimento da Entrevista e para atender eventuais problemas dela resultantes.
10. Orçamento financeiro detalhado da Entrevista: recursos, fontes e destinação

11. Explicitação de acordo preexistente quanto à propriedade das informações geradas, demonstrando a inexistência de qualquer cláusula restritiva quanto à divulgação pública dos resultados, a menos que se trate de caso de obtenção de patenteamento.

12. Declaração de que os resultados da Entrevista serão tornados públicos, sejam eles favoráveis ou não

13. Declaração sobre o uso e a destinação do material e/ou dados coletados.

INFORMAÇÕES COLETIVAS AOS SUJEITOS DA ENTREVISTA
1. Descrever as características dos entrevistados, idade, faixa etária, sexo, cor, estado geral de saúde e classe social. Expor as razões da utilização de grupos ou indivíduos vulneráveis quando forem selecionados para a Entrevista.
2. Descrever os métodos a serem utilizados e a relação dos métodos selecionados com os indivíduos a serem entrevistados.
3. Identificar as fontes dos materiais a serem utilizados na Entrevista, tais como espécies, registros e dados a serem obtidos. Indicar se os dados obtidos serão utilizados somente para os propósitos da pesquisa em questão ou se poderão ser utilizados para outros fins.
4. Descrever os planos para o recrutamento de indivíduos e os procedimentos a serem seguidos.
5. Fornecer os critérios de inclusão e exclusão dos entrevistados.
6. Apresentar o formulário a ser utilizado antecipadamente para o Comitê de Ética da Instituição onde a pesquisa está sendo desenvolvida, incluindo informações sobre as circunstâncias sob as quais o consentimento deverá ser obtido, quem irá tratar de obtê-lo e a natureza da informação a ser fornecida aos sujeitos da pesquisa.
7. Descrever qualquer risco que possa vir a ocorrer, avaliando sua possibilidade e sua gravidade.
8. Descrever as medidas para a proteção ou minimização de qualquer risco eventual.
9. Descrever, também, os procedimentos para o monitoramento da coleta de dados para prover a segurança dos entrevistados, inclusive as medidas de proteção e à confidencialidade.
· Qualificação do Entrevistador – *Curriculum Vitae*.
· Termo de Compromisso do Entrevistador de cumprir os termos do Protocolo.

Conforme Biasoli-Alves (1998, p. 144-150), todo "roteiro/protocolo deve permitir captar a gama de informações que o projeto pretende e da forma que necessita. Concomitantemente, precisa garantir a obtenção do mesmo conjunto de dados de todos os sujeitos."

Para que isso ocorra, é necessário que a preparação seja eximiamente bem feita e previamente codificada com uma previsão de categorização de resultados.

Nessa fase, o estudo do universo pessoal de cada sujeito selecionado deve ter sido analisado.

É, na realidade, essa formalização que condiciona toda a sequência de estudos, delimitando e delineando as condições de análise.

Assim sendo, e conforme Biasoli-Alves (1988), uma Entrevista de Análise Qualitativa depende de estar trabalhando com Entrevistas semiestruturadas ou livres, pois permitem a inserção de novos questionamentos e direcionamentos diversificados em momentos oportunos.

Aspectos e seleção de questionamentos

Tipos de questionamentos

Previamente preparado, o entrevistador deverá partir para a elaboração dos questionamentos viáveis, que comporão a base das Entrevistas, e proceder à extinção dos inviáveis.

Como já mencionado, além da seleção dos sujeitos, é essa uma das etapas mais complexas por exigir do pesquisador/entrevistador um pleno conhecimento do tema em questão, para que consiga, após uma reflexão profunda, elaborar o seu roteiro de questionamentos realmente condignos para a validação dos resultados da pesquisa.

As questões deverão ser elaboradas de acordo com o cerne da Entrevista: estruturadas, semiestruturadas ou livres, mas sendo dever do pesquisador deixar sempre uma margem para a inserção de possíveis perguntas necessárias para a complementação dos dados.

Há de se perceber que os acréscimos de novos questionamentos só serão verificados no decorrer da Entrevista quando surgem lacunas ou pontos a serem complementados. Somente esses aspectos justificam inserções momentâneas e imprevisíveis. É necessário que sejam previstos eventuais desvios nos questionamentos, pois eles são comuns e, muitas vezes, levam aos resultados reais.

Conforme Vieira e Hossne (1998, p. 47),

[...] muitas vezes faz-se necessário buscar *respostas parciais* ou *tangenciais* a perguntas que ainda não têm respostas. Inúmeras vezes são através de respostas *parciais* ou *tangenciais* que, eventualmente, surgem ou se conduzem à formulação de hipóteses sobre a questão central ainda não respondida. Mas é preciso se ter sempre em mente que não se pode assumir uma hipótese como fato comprovado e incorporar o que é simples hipótese a uma resposta concreta. (Grifo nosso)

Muitas vezes, as respostas *parciais* ou *tangenciais* são aceitas como *finais* ou como dogma por simples inferência, principalmente se o pesquisador que emitiu a resposta for dotado de prestígio.

Essa atitude pode ocorrer em qualquer área, mas o problema é sempre sério.

Para Biasoli-Alves (1998, p. 144-150), "uma distinção necessária é evidenciar a aplicação, muitas vezes, de questionamentos indevidos, inadequados e incompletos". Cita na Entrevista o caso da aplicação de questionários como roteiro, mas apresentando só perguntas fechadas ou que dão margem apenas a respostas pontuais – é evidente que será impraticável a realização de uma análise com atribuição e significados – pois os questionários já estarão embutidos nas perguntas responsáveis por pressionarem os informantes a encaixar seus relatos em categorias ou classes escolhidas e definidas pelo pesquisador/entrevistador.

Finalmente, nunca é demais lembrar que muitos erros de postura em relação a certas condutas de Entrevista foram depois explicados pelos erros metodológicos das pesquisas que determinaram tais condutas.

Outros Procedimentos – Táticas de Entrevista

Segundo Valles (1992, p. 219), as táticas do entrevistador em situação de Entrevista devem fazer parte da experiência de todo entrevistador, que tem de ser capaz de improvisar, durante a realização da Entrevista, formas de comportamento verbal e não verbal, quando a situação assim o exigir, muitas vezes proporcionando ao entrevistado tempo e ânimo, esclarecendo e possibilitando que prossiga na condução fidedigna dos relatos.

Para o autor, as táticas que avançam o Guia de Entrevista Semiestruturada consistem em traçar um esquema, em que são antecipados os modos de abordagem do tema central com questões secundárias.

Essa elaboração prévia da Entrevista faz com que sejam preparadas listas de perguntas de amplo espectro, tanto para o início assim como para uma série de argumentos e questionamentos que sirvam, se necessário, para passar de um assunto ao outro e motivar o entrevistado. Para que os questionamentos se efetivem, existem algumas táticas que auxiliam o entrevistador no seu posicionamento adequado perante o entrevistado e que provocam um maior retorno e uma coleta de dados mais completa.

São elas:

- Tática do silêncio.
- Tática da animação e elaboração.
- Tática da reafirmação e repetição.
- Tática de recapitulação.
- Tática de esclarecimentos.
- Tática de alteração do tema.
- Tática da pós-entrevista.

Para empregá-las adequadamente, existem procedimentos corretos que serão delineados a seguir.

- TÁTICA DO SILÊNCIO

É muito útil quando o entrevistador sabe o momento adequado para introduzir a sua fala ou questionamentos, não devendo esse silêncio ser confundido com dificuldades. Porém, existe um perigo nessa tática, que é o do entrevistador exceder-se no uso do silêncio e faltar com o apoio e a orientação ao entrevistado e na forma de condução da Entrevista. O silêncio é uma manifestação intencional do entrevistador, que deve, então, mostrar o seu interesse pelo que o entrevistado está relatando, por meio de acenos da cabeça e outros gestos afirmativos.

- TÁTICA DA ANIMAÇÃO E ELABORAÇÃO

A *animação* inclui todo tipo de observação, ruídos e gestos que permitem ao entrevistador demonstrar ao entrevistado que este deve continuar falando. O entrevistador pode usar expressões, tais como: "Ah!", "Nossa" etc., ou mover a cabeça afirmativamente, ou mostrar expectativa no semblante. Aqui não são apresentados novos temas de conversação ao entrevistado.

A *elaboração* implica não só animar o entrevistado mas também pedir que se estenda respondendo sobre o tema.

Estas duas táticas, do silêncio e da animação e elaboração, permitem ao entrevistado ter liberdade para seguir sua própria cadência de associações e também supõem um interesse maior sobre o que ele está dizendo.

- TÁTICA DA REAFIRMAÇÃO E REPETIÇÃO

Sobre essa técnica, discorrem vários autores, tais como: Gordon (1975), Roger (1945), Merton e Kendall (1946) *et al*. Dizem consistir basicamente em se obter informações adicionais, mediante a repetição de expressões emitidas pelo entrevistado, por meio da formulação de perguntas diretas.

Assim o entrevistador conduz o entrevistado no prosseguimento da elaboração de suas manifestações, além de indicar que está entendendo e muito interessado nas respostas. É sugerido ao entrevistador que introduza falas, tais como: "Você estava me falando sobre [...] Repita para mim, por favor, para que eu possa entender melhor [...]" etc. Assim o diálogo se processará naturalmente sem que o entrevistado se sinta desconfortável.

- Tática da Recapitulação

É uma forma de elaboração retrospectiva, que consiste em levar o entrevistado a relatar, de novo, algumas trajetórias de sua vida, organizadas cronologicamente. Há uma tendência em oferecer uma maior elaboração no segundo relato, podendo, também, serem utilizadas algumas táticas mais repetitivas com numerosas perguntas. Nessa tática, o entrevistador reafirma dados já fornecidos pelo entrevistado em vários momentos e solicita a ele que os coloque em ordem cronológica de acordo com os acontecimentos.

- Tática do Esclarecimento

Aqui podem ser adotadas diferentes formas: o entrevistador pode solicitar ao entrevistado que detalhe uma sequência de passos, ou, em determinado momento do relato, solicitar que discorra e verbalize sobre o que acaba de referir. Geralmente, as táticas de esclarecimentos serão necessárias depois que as táticas de elaboração alcançarem um ponto morto. Nesse caso, o entrevistador pode dizer: "Você disse [...]; Poderia falar mais um pouco sobre isto [...]; Poderia tecer mais alguns comentários a este respeito [...]".

- Tática de Alteração do Tema

Aqui o entrevistador não tem mais perguntas a respeito do tema, e os objetivos da Entrevista não foram atingidos. Então ele lança mão de novos temas e questionamentos que complementam e levam ao resultado esperado. Por exemplo, pedindo para que o entrevistado relate e descreva como é um dia de trabalho, quando necessitar evidenciar algo sobre o cotidiano, e assim por diante...

- Tática da Pós-Entrevista

Trata-se, como o próprio nome diz, de um prolongamento do encontro entrevistador ↔ entrevistado, quando se dá por concluída a Entrevista formal, produzindo-se uma certa redefinição da situação.

Essa parte da Entrevista pode cumprir algumas funções muito interessantes:

    a) aproveitar-se para convidar o entrevistado a falar amigavelmente, para que guarde uma boa recordação e não desanime de outras possíveis Entrevistas;

b) constituir-se uma oportunidade extraordinária para detectar algum tipo de informação que o entrevistado tenha guardado durante a Entrevista. E, agora, julgando-se fora do ambiente, e tendo dado por encerrado o inquérito, despercebidamente e com naturalidade emite ricas informações a respeito do tema.

É necessário ressaltar que a qualidade e o uso de táticas dependem crucialmente do estilo e do tema da Entrevista.

O entrevistador há de aprender a animar a Entrevista, a escutar e a não interromper nunca, mas, por outro lado, a surpreender com perguntas diretas, tendo em mente sempre uma sequência de tópicos, de modo que o entrevistado possa ser animado e guiado com cuidado ao longo da investigação. Assim, por intermédio da Entrevista, conseguirá melhores resultados do que o questionário estruturado rigidamente (THOMPSON, 1984, p. 54).

Seleção dos Sujeitos – Critérios

Segundo Valles (2000, p. 218), devemos levar em conta os *Contatos e a Apresentação*, como uma das etapas principais da Entrevista.

A primeira aproximação entrevistador ↔ entrevistado é de fundamental importância, pois dela pode depender todo o desenvolvimento da Entrevista.

Muitos optam pela mediação de um grupo de contato (associações, centros cívicos etc.).

Essa primeira aproximação pode realizar-se tomando como intermediário algum responsável institucional ou líder natural de um grupo. Dessa forma, evita-se abordar diretamente o indivíduo, sendo a ligação feita através de um canal social.

Portanto, definitivamente, trata-se de evitar que tanto o contato como a apresentação afetem negativamente a comunicação durante a realização da Entrevista.

De todas, essa é uma das maiores preocupações na preparação da Entrevista, pois constitui o contato mais imediato da interação, conforme Valles (1992, p. 26).

Entram, nesse parâmetro, alguns aspectos anteriormente elucidados, quando foram verificados que os melhores procedimentos e os propostos são os utilizados pelas Entrevistas Profissionais, em que vários contatos são estabelecidos até que se instale a confiabilidade entre entrevistador e entrevistado.

O pesquisador/entrevistador, como íntegro condutor da pesquisa, deve levar aos sujeitos selecionados algumas informações essenciais antes de solicitar o consentimento para a participação da Entrevista, por meio de uma linguagem simples, clara e objetiva, evitando termos técnicos complicados para que eles a entendam plenamente.

As principais informações são:

a) fazer com que o entrevistado se conscientize de que a participação é um convite, levando-o a ter acesso aos objetivos e aos métodos de condução da Entrevista;

b) a duração prevista e esperada de sua participação (horas, dias e sessões);

c) os benefícios que podem, razoavelmente, ser obtidos para o participante ou para terceiros, por intermédio dos resultados alcançados;

d) a possibilidade de possível desconforto previsível associado à sua participação;

e) as vantagens de sua participação;

f) a extensão e o compromisso de se manter o sigilo dos registros, quando necessário, em que o entrevistado estiver identificado;

g) a certeza de que o indivíduo é livre para recusar-se a participar e será, também, livre para abandonar a Entrevista a qualquer momento, sem penalidades ou perdas;

h) o entrevistador deve chamar o sujeito entrevistado sempre pelo nome para que se sintam mais próximos.

Seguindo o pensamento de Vieira e Hossne (1998, p. 51) e Matim Dic. *et al.*, (1968, p. 1426-1431), certificamos, através dos dados, que:

> a) A vontade de participar aumenta à medida que o risco diminui (mais pessoas se apresentariam para um estudo sobre poluição ambiental, do que para um estudo sobre malária).
>
> b) dados também comprovam que mais pessoas de baixa renda se apresentam como voluntárias.
>
> c) Parece não haver diferenças entre raça e idade.
>
> d) Mulheres têm maior tendência a se apresentar como voluntárias.
>
> e) Os homens de alta renda são menos disponíveis a se apresentar para participação em Entrevista.

A seleção dos entrevistados para a Entrevista, portanto, deve ser uma preocupação básica quando for utilizada a Técnica de Entrevista em uma investigação científica.

Quem?

Quantos?

Quantas vezes?

Essas são decisões tomadas, em parte, quando é feito o projeto do estudo, complementado, posteriormente, com o trabalho de campo.

A teoria e a prática têm demonstrado que a aproximação do universo de entrevistados potenciais vem ocorrendo, inúmeras vezes, por meio de *fontes disponíveis* e de fácil acesso ao entrevistador. Para melhor elucidar esse posicionamento, podemos citar: os censos estatísticos, os estudos qualitativos prévios e outras fontes, incluindo a experiência e a imaginação do investigador.

A ideia-chave é ganhar conhecimento de todo tipo, por intermédio da seleção de entrevistados, orientada e organizada de maneira a garantir minimamente a heterogeneidade da amostra, em variáveis consideradas analiticamente relevantes. *Devem ser sujeitos que possuem informações diretamente relacionadas com os objetivos da Entrevista.*

Para Gorden (1975, p. 196 e ss. *apud* VALLES, 2000, p. 210), há, pelo menos, quatro perguntas básicas que devem ser utilizadas para a *seleção dos entrevistados*.

Estas perguntas-critério são:

- Quantos têm a informação relevante?
- Quantos são os mais acessíveis fisicamente e socialmente (entre os informados)?
- Quantos estão mais dispostos a informar?
- Quantos são mais capazes de comunicar a informação com precisão (entre os informados acessíveis e dispostos)?

A resposta à primeira pergunta-critério leva Gorden a propor uma série de pares opostos para a seleção dos entrevistados. Pares, tais como: alto/baixo, ativo/passivo etc.

Assim sendo, sentimos que a heterogeneidade propicia uma maior quantidade de dados qualitativos para os resultados da Entrevista.

Quanto à acessibilidade, Gorden adverte sobre o risco de os entrevistados acessíveis não cumprirem as condições da seleção.

Finalmente, no que se refere às últimas duas questões, Gorden (1975, p. 203-210) retorna descrevendo certas barreiras, classificando alguns *inibidores* que podem atrapalhar a disposição dos entrevistados na contribuição por meio de informações, a saber:

- a falta de tempo (pessoas muito ocupadas);
- o temor de que a informação dada transcenda e se volte contra o próprio entrevistado;
- a etiqueta (a autocensura psicossocial);
- o trauma (o sentimento desagradável ao reviver algumas experiências ruins);
- pesquisadores que não levam os questionamentos com seriedade, respondendo aleatoriamente.

Complementando, faz menção a alguns inibidores derivados não da falta de vontade e disposição, mas, sim, da incapacidade relativa do entrevistado para comunicar uma informação.

Gorden (1975 *apud* VALLES, 1992) esclarece-nos quando salienta que todos esses inibidores devem ser levados em conta no momento da seleção dos entrevistados.

Outro problema a ser verificado antes do início da Entrevista é *o número*: Quantos deverão ser entrevistados?

Na pesquisa qualitativa, não é a quantidade de pessoas que irão prestar informações que tem importância, mas, sim, o significado que os sujeitos têm, em razão do que se procura para a pesquisa.

A fórmula qualitativa para o cálculo da mostra contém como ingrediente-chave a noção, princípio e *estratégia da saturação* (= quando não se encontram mais dados adicionais à solução do tema em questão) .

Se os entrevistados selecionados não completam nem atingem o grau de respostas exigido, o entrevistador deverá ampliar o número de entrevistados. Porém, pode ocorrer de alguns entrevistados não responderem a contento, devendo estes ser substituídos por outros mais capacitados e que correspondam ao esperado.

Nesse procedimento, é usado o processo da *"bola de neve"*, quando surgem alguns entrevistados aleatórios, como familiares, conhecidos etc. Esse é um recurso técnico utilizado em combinação com outros.

E, quanto ao *número de encontros* para a coleta de dados, conforme já mencionamos anteriormente, a sugestão é, realmente, que todas as Entrevistas, independentemente dos resultados esperados, sigam os procedimentos de vínculo como os utilizados nas *Entrevistas Profissionais*, isto é, o estabelecimento de um relacionamento afetivo, ocasionado naturalmente, proporcionado por *vários contatos,* quantos forem necessários até que a confiabilidade se instale, resultando numa gama de dados, com certeza, muito mais precisos.

Voluntários e a Confiabilidade nos Resultados Obtidos

O Recrutamento de Voluntários

Conforme Vieira e Hossne (1998, p. 51), antecipadamente e com muita evidência, têm que ser esclarecidos os motivos que levam o indivíduo à decisão de se apresentar como voluntário; e, também, a maneira como será efetuado o recrutamento de voluntários.

Os questionamentos a esse respeito levam-nos a posicionamentos sérios nessa etapa de seleção e do aceite de voluntários. Os problemas ocasionados por uma não seleção tornam a Entrevista, muitas vezes, inviável, tornando as respostas não validadas.

Podemos citar aqui alguns casos evidentes que podem ocasionar grandes transtornos para os resultados da Entrevista:

- o prisioneiro a quem se ofereceu comutar a pena;
- o indivíduo com problemas financeiros a quem se prometeu pagamento;
- o doente crônico a quem se ofereceu esperanças de cura etc.

Portanto, o critério e os posicionamentos devem ser sérios, principalmente nessa etapa quando precisamos questionar, com firmeza, se o desejo de ser um dos voluntários é realmente verdadeiro.

E, de qualquer forma, é inaceitável que o entrevistador se exima da responsabilidade sobre os danos causados por uma pesquisa, alegando que os participantes da Entrevista, da pesquisa em questão, eram todos voluntários.

Etapas do Desenvolvimento

Conforme as especificidades do protocolo preestabelecido a Entrevista deve, também, seguir a mesma sequência. Podemos considerá-lo como sendo um projeto para a realização da Entrevista.

Vieira e Hossne (1998, p. 105) propõem a sequência:

• HISTÓRICO E OBJETIVOS – quando serão discutidos os procedimentos e explicados detalhadamente; é o momento também da ênfase a ser dada à importância dos questionamentos que serão feitos, à verificação a que se destinam (objetivos) e ao que se pretende com os resultados obtidos.

• CRITÉRIOS PARA A SELEÇÃO DOS ENTREVISTADOS – devem ser descritas todas as condições relevantes dos entrevistados que serão selecionados, tendo em mente que a interferência estatística e as conclusões do trabalho só se aplicam aos entrevistados que se enquadram dentro da descrição geral das metas estabelecidas e dos objetivos propostos para a Entrevista.

• ASPECTOS PSICOLÓGICOS E EMOCIONAIS NA CONDUÇÃO DA ENTREVISTA – para Caldeira (1980 *apud* ROMANELLI, 1998, p. 27), "esse desejo de falar de si, inclusive para usar a situação da Entrevista como desabafo de problemas de ordem pessoal que nem sempre interessam ao entrevistador", é fato comum das Entrevistas nas quais o nível do entrevistador é superior ao do entrevistado. Este, o entrevistado, nessa situação, sente-se lisonjeado pelo reconhecimento e atenção do entrevistador à sua identidade, pela disposição em ouvi-lo e por registrar seus depoimentos. Desse modo, justifica-se a Entrevista como uma relação de troca e não um processo de apropriação do outro, no qual este é alienado de si, pelo saber que cauciona o poder do pesquisador.

• ANÁLISE E AVALIAÇÃO DOS DADOS OBTIDOS – a parte mais valiosa da Entrevista é a descrição precisa e minuciosa do planejamento e da análise dos dados. Os procedimentos utilizados e através dos quais os dados serão analisados, o motivo da seleção deste ou daquele critério para análise, entre outras preocupações que passarão a ser evidentes, dependendo do tema, serão parte integrante dos resultados alcançados. Portanto, é de fundamental importância que o pesquisador conheça os critérios metodológicos adequados e saiba aplicá-los corretamente na análise e avaliação dos dados obtidos, para que ocorra a validação da Entrevista. Sugere-se, nessa fase, a participação de um especialista em dados estatísticos que conduzirá, na Entrevista qualitativa, a indicação de caminhos e posicionamentos metodológicos mais corretos, uma vez que os dados quantitativos são, inúmeras vezes, escassos ou inexistentes.

• AVALIAÇÃO DOS RESULTADOS SEGUNDO: AS REFLEXÕES METODOLÓGICAS, A INFLUÊNCIA PSICOLÓGICA DO ENTREVISTADO E SUA A LIGAÇÃO DIRETA COM O TEMA – de acordo com Benner (1985, p. 149-159), as declarações dos entrevistados nem sempre podem ser consideradas válidas quando repletas de teor emocional próprio. Podemos, muitas vezes, perceber respostas envoltas em uma exibição simbólica (quando pessoal) e relatos pessoais de cenas violentas, em que o entrevistado esteve envolvido, também são repletos de emoções que, muitas vezes, não validam as respostas. Novamente entra aí o entrevistador como o personagem principal, capaz de fazer valer seus méritos na aplicação de seu discernimento, na arte de bem distinguir a emoção da razão.

Conforme Nahoum (1961, p. 92),

> [...] observar o sujeito é como observar a si próprio, vigiando estritamente as próprias reações e as interpretações imediatas. [...] se o entrevistador alega dominar suficientemente, com certeza, obterá benefícios: em primeiro lugar não deformará a atitude psicológica de objetividade que deverá manter ao longo de toda a Entrevista. Julgar

alguém significa adotar como critério o respeito aos comportamentos concomitantes do sujeito, principalmente quando se sente depreciado, não deve o entrevistador neste momento testá-lo. A segunda vantagem que dependerá também do entrevistador é a sua reserva quanto à liberdade de espírito para julgar corretamente.

Vale lembrar que essa reserva não impede que o entrevistador anote a sua primeira impressão, sabendo que é sua, pois, na vida diária, frequentemente, os primeiros julgamentos são feitos de acordo com as primeiras impressões causadas. Portanto, a primeira impressão e a sua adaptação tem um papel secundário.

O que é valido é o critério e o discernimento correto a ser adotado pelo entrevistador.

Cumpre ao entrevistador ter pleno conhecimento das práticas empregadas pelos entrevistados, ser dotado de habilidades específicas, antes de poder compreender e avaliar, com confiança razoável, o verdadeiro significado dos relatos.

Muitas vezes, como atitude comprobatória e auxiliar no processo de discernimento, temos como opção o acesso aos documentários.

Assim sendo, é imprescindível que se verifique a importância do papel dos *materiais documentais* na evolução e na interpretação dos resultados da Entrevista.

Como documentos, podemos listar cartas, fotografias, artigos científicos, que, muitas vezes, auxiliam e previnem contra as más interpretações, os últimos ligados aos documentos orais produzidos pelas Entrevistas.

Conforme Silverman (1993, p. 100) "[...] é perigoso, também, definir um resultado, não se levando em conta o *contexto social* onde a Entrevista foi desenvolvida". (Grifo nosso)

Silverman (1993) adverte ainda para o fato de que as respostas às Entrevistas devem ser definidas como narrativas relacionadas ao *contexto cultural* do entrevistado em questão.

Essa argumentação vem reforçar os dados elucidados, anteriormente, no Fluxograma 3, que faz referências comprobatórias à *Macro Situação Social* em que será realizada a Entrevista, sendo essa questão responsável pela estruturação dos dados a serem colhidos.

Por exemplo: uma Entrevista sobre o uso de drogas deverá ter a abordagem da deliberação do país em que a pesquisa é feita. Portanto, a resposta torna-se real dependendo do contexto em que é analisada. Nunca se pode generalizar uma resposta ou analisá-la em contextos mundiais, mas, sim, *situacionais*, para que a validação por meio da análise do entrevistador seja fidedigna.

Silverman (1993) sintetiza esclarecendo que a questão da resposta deve sofrer ou receber uma análise de *interpretação sociológica*, dando-se ênfase às **formas morais** que caracterizam a *vida social* do entrevistado. Por isso, sugere tratar a informação da Entrevista como narrativa de *fruto das atividades morais*.

Analisando friamente a questão, e já discordando, pensamos ser esse tratamento extremamente rígido e focalizado, pois, além da *moral*, temos *o social, o pessoal, o econômico* etc.

Por outro lado, o entrevistador deverá também decidir se questionará todas as áreas temáticas relacionadas à pesquisa, em uma só Entrevista (o que exigirá, seguramente, recortar a extensão de cada uma delas), ou se vai subdividir o tema proposto em várias Entrevistas.

Segundo Weiss (1999, p. 52), para que não se perca tempo e terreno com tentativas inadequadas, é bom que se aplique anteriormente uma *Entrevista-piloto* antes que se defina concretamente o guia de questões a serem efetuadas na Entrevista real. A Entrevista-piloto servirá ao entrevistador como forma de verificação da adequação dos questionamentos, analisando-os como viáveis ou não, e também para que se certifique dos posicionamentos adequados a serem incorporados ao tema em questão. É necessário salientar que esta aplicação experimental, Entrevista-piloto, deve ser utilizada em sujeitos que não os participantes selecionados para a Entrevista real.

Para ilustrar a elaboração de um *Guia de Entrevista*, resumidamente Cea e Valles (1992 *apud* VALLES, 2000, p. 222) traçam as diretrizes que se assemelham com os delineamentos do trabalho de campo:

> A análise começa com o desenho da investigação:
>
> a) Formulação do problema.
>
> b) Seleção de casos.
>
> c) Contextos.
>
> d) Seleção de uma estratégica metodológica.
>
> e) Análise preliminar → orientação de um trabalho de campo.
>
> f) Análise final.
>
> g) Realização da Entrevista.
>
> h) Transcrição → preocupação com a fidedignidade já que aqui se apresentarão as informações totais e os resultados finais.

Deve-se salientar que a análise é extremamente ligada à escrita – apresentação e observação. Após essas etapas, conforme Cea e Valles (2000), poderemos vislumbrar os elementos principais da análise final e proceder à síntese, à codificação, à classificação e à integração das informações produzidas na Entrevista.

Gostaríamos de salientar, entretanto, que o Guia de Entrevista pode variar notavelmente. O usual é que seja mais esquemático, listando somente os embasamentos dos tópicos gerais.

Registro de dados – procedimentos possíveis

De acordo com Biasoli-Alves (1998, p. 149), embora a preparação do formulário ou maneira de registros de dados seja bastante complexa, é preciso, antecipadamente, prever a forma de registrá-los. Afinal, a qualidade e a validação dos resultados dependem da organização adequada dos registros. A complementação, após a construção do roteiro, está no acompanhamento da Entrevista e no *registro literal dos dados*.

Para Biasoli-Alves (1998), é necessário:

- Envolver os entrevistados na tarefa de informantes, gravando ou anotando integralmente os seus discursos e as suas falas.
- É fundamental preparar e selecionar os períodos e situações para a realização das Entrevistas de tal modo que o pesquisador/entrevistador tenha condições de captar tudo o que ocorre e da maneira como ocorre.

Podemos citar alguns procedimentos de *registro de dados* e os seus possíveis resultados no final:

- CADERNO DE ANOTAÇÕES:

O pesquisador/entrevistador deverá ater-se com fidedignidade às anotações para que nada se perca, incluindo interpretações levantadas, pontos críticos, significados identificados, análise de gestos e posicionamentos corporais efetivados pelo entrevistado, entre outros. É imprescindível que haja discussões e checagem das formas de compreender os dados entre diferentes pesquisadores. A literatura deve permear todo o processo de construção anotada e analisada, para que a quantificação explícita possa se traduzir na busca de regularidades e diferenças, a fim de que gradativamente exista um afunilamento, tendo em vista a seleção de tópicos de interesses para a pesquisa em questão.

Para Biasoli-Alves (1998, p. 154),

é imprescindível estabelecer-se o hábito das anotações no momento da Entrevista – a cada discussão com outros pesquisadores – a cada nova leitura – de tudo que se relaciona, infere, hipotetiza com respeito aos dados e dos significados vislumbrados nas anotações.

O pesquisador/entrevistador não se pode furtar de analisar, também, e com frequência, a literatura de que dispõe, ficando atento às novas publicações, mas atendo-se às mais antigas que contêm o seu embasamento teórico e que servirão como termo de comparação, ou aos esclarecimentos das anotações feitas no ato da conversação dos questionamentos.

O Caderno de Anotações é também muito útil, quando usado nos momentos de descontração, como na hora do cafezinho, quando despercebidamente, e muito à vontade, o entrevistado deixa escapar alguns dados que jamais seriam emitidos no momento tenso da Entrevista.

E o entrevistador, de sua parte, deve, nesse momento, lançar mão de rápidas e pequenas anotações sem que o sujeito da Entrevista se dê conta do acontecido. Esses dados colhidos aleatoriamente, com certeza, serão de suma importância para os resultados da Entrevista.

Outra ação necessária são as anotações feitas logo após a Entrevista, fazendo constar relatos e descrição pormenorizada de reações emocionais, gestos e outros fatos verificados pelo entrevistador, mas que não foram registrados no momento exato em que estavam ocorrendo.

• O *Lap Top*:

Muito utilizado em Entrevistas Profissionais por médicos, psicólogos, entre outros, mas, visivelmente, por pesquisadores que possuem uma estabilidade econômica, e em situações em que o vínculo de confiabilidade já tenha se instalado.

• Filmagens:

É um procedimento viável em ambientes televisivos ou em outros ligados à telecomunicação em geral, mas de uso muito restrito nas Entrevistas Profissionais ou Sociais, nas quais os sujeitos participantes são selecionados de acordo com o tema em questão e, muitas vezes, despreparados psicologicamente para o enfrentamento de exposições sérias, diante de luzes artificiais.

Portanto, a filmagem deve ser utilizada em ambientes especiais, com entrevistados plena e psicologicamente preparados, e, como já verificado, tem sido usada de forma muito restrita em pesquisas científicas.

• Gravações:

Procedimento comum, muitas vezes utilizado com naturalidade, desde que o entrevistador se certifique de que o entrevistado se sentirá à vontade, não comprometendo suas respostas quando diante de microfones.

Mas, o pesquisador só terá condições de verificar a possibilidade do uso deste procedimento, quando houver oportunidades de traçar encontros anteriores ao da Entrevista propriamente dita e tendo esse contato lhe propiciado a certeza de já ter ocorrido o tão esperado vínculo de confiabilidade entre ambos.

Pudemos concluir, portanto, que quanto aos *meios de registros*, o mais utilizado, hoje em dia, tem sido as *gravações*. Mas, é necessário ressaltar a preocupação de inseri-la somente após a instalação do vínculo de confiabilidade entre: entrevistador/entrevistado. A alternativa de *tomar notas* (*Caderno de Anotações*) tem sido deixada de lado devido à perda de detalhes, aos erros de interpretação, à desaceleração do ritmo da Entrevista e da comunicação, afetando, quase sempre, a espontaneidade do entrevistado. Propõe-se, porém, que essa alternativa seja usada em momentos especiais, fora do contexto da Entrevista, como no cafezinho e em outros ambientes naturais, onde os dados fluam e sejam anotados sem que o entrevistado perceba. E, em certas ocasiões, é necessário que se recorra a este meio, por exemplo, quando o entrevistado se sentir inibido e não conseguir se manifestar adequadamente, na Entrevista feita através da gravação.

Analisando detalhadamente concluímos que o processo de registro de dados é muito complexo. Exige, sempre e antecipadamente, todo um arsenal de preparação tanto física como psicológica do entrevistado, assim como do ambiente onde será realizado. Esse tem sido um dos maiores problemas a ser enfrentado pelo pesquisador/entrevistador.

Condições de Tempo e Lugar

Segundo Valles (1992, p. 255) "*o lugar, o momento e os meios selecionados* para a realização da Entrevista constituem condições primordiais, podendo afetar tanto positivamente, quanto negativamente a obtenção adequada de informações". (Grifo nosso)

Portanto, é imprescindível considerar esses aspectos como preparativos básicos, devendo a preferência do entrevistado ser atendida, proporcionando-lhe condições de privacidade e tranquilidade no momento da realização da Entrevista. É preferível um *espaço* onde a Entrevista possa ser realizada individualmente, sem a presença de outras pessoas que poderão inibir o entrevistado. Quanto ao *momento* adequado, deve ser o de disponibilidade total do sujeito a ser entrevistado, portanto sugerido por ele, e respeitado o prazo estipulado como o de início e término.

Em certas ocasiões, é necessário que sejam feitas Entrevistas em grupo, muitas vezes para a comparação dos dados, ou em sessões de interações psicanalíticas.

Transcrição Literal

Sequencialmente, após o registro de dados, segue-se a transcrição literal – das fitas gravadas nas Entrevistas, dos vídeos, dos filmes ou das anotações. E, para tanto, o pesquisador/ entrevistador precisa dispor de tempo. Nesse momento, todos os fatos são muito importantes. Nada deve sofrer exclusão.

Quanto mais completos e fiéis forem os protocolos e as suas transcrições, maiores as possibilidades de realização de uma análise de alto nível.

As leituras e os dados teóricos são fundamentais para a interpretação adequada.

O processo de análise qualitativa está baseado em uma impregnação dos dados pelo pesquisador, o que só tem condição de acontecer se ele interage completamente com esses dados, na sua integridade e repetidas vezes.

O que se enfatiza é a necessidade da leitura da transcrição da Entrevista, repetidas vezes, ou, melhor, até a exaustão.

SISTEMAS DE ANÁLISES

De acordo com Biasoli-Alves (1998, p. 145), "depois de se pensar nas questões voltadas para a estruturação dos roteiros, chega-se à discussão do formato das análises. E, novamente, o pesquisador/entrevistador é colocado diante de um conjunto de opções. Mas, é verdade que grande parte delas já ficou definida pela maneira como os dados foram colhidos". Pois, presume-se terem sido previstas formas para verificar se realmente a Entrevista foi conduzida de acordo com o planejado, como a orientação antecipada de um estatístico, a formulação correta e adequada do Guia de Entrevista e do Protocolo, entre outros fatores.

Há sempre um grande questionamento quanto ao posicionamento e aos procedimentos mais adequados para a análise dos dados obtidos. Vários âmbitos deverão ser analisados, e um dos principais enfoques refere-se ao peso que será concedido à qualificação dos dados. Ou melhor, qual a permissão para que o pesquisador atribua significados ao que foi observado ou aos dados que obteve através do relato de seus sujeitos.

Para Biasoli-Alves (1998), no *Relato Oral (Entrevista)*, a pressão direciona para uma coleta extensa de dados – um número elevado de sujeitos –, visando, assim, garantir a objetividade através de análises estatísticas (quantitativas).

Estatísticas Quantitativas, aqui, significam, como elucidado anteriormente, a quantidade de sujeitos entrevistados até que todas as hipóteses levantadas tenham sido respondidas plenamente.

Outra vertente de autores como André (1988, p. 493) coloca como caminho alternativo a abordagem qualitativa.

Portanto, há muitas dúvidas diante de posturas que dicotomizam e procuram distanciar os dois modelos de análise de dados das pesquisas empíricas.

Após estudos não superficiais a respeito da análise, verificou-se que a melhor e mais completa maneira de encaminhar a discussão passa:

- pela descrição e por uma tentativa de classificação dos diversos formatos de análise;
- por um estudo da objetividade e da subjetividade;
- pela quantificação e pela qualificação, presentes em cada um dos formatos.

Segundo Biasoli-Alves (1998, p. 146-147),

> para efeitos didáticos podem-se encaixar os sistemas de análise de dados em três classes gerais, levando-se em conta as características predominantes em cada um deles:
>
> a) Sistema de análise quantitativo-descritivo.
>
> b) Sistema de análise quantitativo-interpretativo.
>
> c) Sistema de análise qualitativo.

a) Sistema de análise quantitativo-descritivo:

Para Biasoli-Alves (1998),

> Trabalhar com este sistema pode ser considerado o momento inicial e essencial da análise dos dados de uma *Entrevista Estruturada*, em que o pesquisador explora as respostas ou os comportamentos, tal qual foram apresentados pelos sujeitos. [...] Este tipo de análise fornece informações objetivas, e se necessário no caso de aplicação de provas estatísticas – pode descrever as ações, os padrões característicos ou mesmo estabelecer relações entre variáveis. (Grifo nosso).

Portanto, para o mesmo autor,

> a análise quantitativo-descritiva caracteriza-se por trabalhar diretamente com as respostas obtidas dos sujeitos, *na forma como elas aparecem*. Constitui-se na verificação da freqüência simples de ocorrência, a cada alternativa, nas questões fechadas, seguida de cálculo de porcentagem. Ou, no caso do emprego da estatística, em função do tamanho da amostra, o teste adequado.
>
> Como passo final deve vir a construção de tabelas, gráficos e perfis, para posterior descrição e discussão dos resultados.

Como já verificado, esse tipo de análise, por procurar abranger e sumarizar os dados, além de promover uma descrição estatística inicial, poderá também levar ao conhecimento de novos problemas, na medida em que expõe, de forma clara, todas as informações, sem encaminhar explicações definitivas e sem suscitar o aprofundamento na compreensão do problema.

A partir daqui, pode ser estabelecida a obrigatoriedade da inclusão de novos questionamentos a serem feitos aos sujeitos, e, muitas vezes, apresentando-se, nessa fase, a necessidade da inserção de mais alguns participantes para a coleta de dados, ou eliminando-se outros, que, após essa análise, puderam ser classificados como desnecessários, o que, provavelmente, irá requerer um outro tipo de análise.

b) Sistema quantitativo-interpretativo:

Segundo Biasoli-Alves (1998), a análise quantitativo-interpretativa faz parte de uma fase posterior, surgindo "à medida que o pesquisador amadurece o seu problema de pesquisa, trabalha seus dados com 'maior intimidade', e percebe que pode extrair deles mais informações do que as já obtidas se for em busca dos seus significados (seria, como o dito na fase anterior, a aplicação de uma reanálise).

O pesquisador/entrevistador, nesse ponto, passa a agir com um certo nível de inferência, não perdendo de vista as respostas objetivas dos entrevistados. Constitui-se aí uma sequência para o pesquisador que passa da análise quantitativo-descritiva para a interpretativa, nas questões abertas e fechadas, mudando o seu enfoque, visando apreender o significado que a fala dos informantes ou o comportamento dos sujeitos entrevistados podem assumir dentro do contexto abordado.

Nesse procedimento, a análise física e psicológica dos entrevistados passa a ser muito evidenciada. Gestos, posturas, sinais e posicionamentos de voz são amplamente anotados, verificados e codificados.

Para o autor, "este tipo de análise, no caso específico da Entrevista, prevê dois momentos de agrupamentos: o das questões e o das respostas".

- **Agrupamento das questões** – é importante investigar o que cada pergunta permite *obter e classificar*, tendo por base interpretações e/ou inferências advindas tanto da literatura quanto do conhecimento empírico do pesquisador. Para a formulação de cada pergunta, deve-se ter sempre em mente os posicionamentos:

Qual o interesse da questão para a pesquisa?

Com que finalidade foi introduzida essa questão?

Que tipos de dados se pretende obter através da aplicação dessa pergunta?

Na próxima etapa tem início com a tarefa de:

• **Categorização das respostas** – por meio de um estudo minucioso da fala dos informantes, suscitada pelas questões da Entrevista, e que deve culminar em um agrupamento válido.

Vale salientar, conforme preleciona Biasoli-Alves (1998), que surge aí a "tarefa ligada à elaboração de *sistemas abertos para categorizar respostas (comportamentos)* com base em inferências sobre o seu significado. A base é a abordagem conceitual do pesquisador". (Grifo nosso)

Biasoli-Alves refere-se como sendo fundamental que os sistemas construídos sigam os seguintes critérios:

• **Exaustividade** – abrangendo todas as respostas obtidas (abertas, fechadas);

• **Exclusividade** – categorias agrupando conjunto de respostas distintas;

• **Manutenção do mesmo nível de interpretação ou inferência** – dos comportamentos – cuidando para que não se tenha grande oscilação no contínuo de objetividade/subjetividade.

Finaliza-se aqui, segundo o mesmo autor, a Fase Interpretativa concretizada pelo sistema de *categorias* – que é a primeira etapa de análise dos dados (cristaliza-se a apreensão do significado atribuído às respostas e expresso por meio da abordagem conceitual do pesquisador).

Para o autor, a seguir, deve ser retomada a *quantificação*:

> É o momento da tabulação dos dados, através de cálculos porcentuais, elaboração de tabelas e gráficos, dependendo da necessidade, o emprego de provas estatísticas. Este é o aprofundamento sistemático da análise dos dados – indo além do *simplesmente descrever* permite uma *operacionalização quantificada* encaminhando, com uma maior nitidez, as interpretações. (Grifo nosso)

Entra aqui, mais uma vez, o papel do estatístico responsável, junto ao pesquisador/entrevistador, pela tabulação dos dados. Essa é uma tarefa, também como as demais, bastante árdua. Exige do pesquisador o rigor quanto ao conhecimento da real categorização dos dados que serão lançados em um trabalho científico, que, posteriormente, será de conhecimento de toda uma comunidade científica, que se apossará dos mesmos, para uso em futuras pesquisas.

Para Biasoli-Alves (1998), é nessa etapa que surgem os dados em que o *qualitativo* está imbricado e é parte fundamental da primeira fase. Aí, pode-se perceber, com muita evidência, que os critérios e as categorias assumem, com frequência, uma "alta dose" de subjetividade.

Vale evidenciar, após essa explanação, a grande dificuldade e o complexo processo de análise dos dados. Como já verificado, os dados não saem classificados e categorizados, mas vão surgindo dentro de uma verbalização nebulosa e confusa, muitas vezes contraditória, junto a um excesso de unidades comportamentais registradas, algumas sobrepostas às outras.

E nem sempre o conju nto de informações é completo e relevante para uma boa interpretação.

Portanto, há necessidade de uma infinda cautela ao codificar e classificar os dados. Conforme se certifica Biasoli-Alves (1998), deve-se evitar uma categorização antecipada ou agrupamentos predeterminados, anteriores às respostas obtidas.

c) Sistema qualitativo:

Segundo Biasoli-Alves (1998, p. 145), "hierarquicamente este é o sistema mais complexo exigindo do pesquisador/entrevistador cuidados excessivos quanto à elaboração".

Nessa etapa, há a busca de uma *apreensão profunda de significados* nas falas, nos comportamentos, nos sentimentos, nas expressões, interligados ao contexto em que se inserem e delimitados pela abordagem conceitual do entrevistador, trazendo à tona, por intermédio da fala, do relato oral, uma sistematização baseada na *qualidade*. Devem-se analisar dados descritivos da realidade, tendo como foco a fidelidade do universo de vida cotidiana dos entrevistados. A função desse sistema é, portanto, apreender o caráter multidimensional dos fenômenos em sua manifestação natural, bem como captar diferentes significados de experiências vividas.

Com a explanação do renomado autor, visualizamos, com rigor e muita clareza, o quão complexo é este universo da interpretação analítica da fala dos sujeitos entrevistados inseridos e relacionados ao seu próprio mundo de vivências, cabendo ao entrevistador a função de decodificar corretamente esse universo. E, com uma abrangência ainda maior, demonstra-nos o papel do entrevistador envolto em múltiplos e complexos caminhos de análises.

Mais uma vez, reforça-se a teoria do emaranhado de conhecimentos de que deve ser dotado o entrevistador/pesquisador para a realização da Entrevista.

Como podemos validar análises procedidas por pesquisadores inaptos e desconhecedores dos complexos universos científicos da interpretação?

O verdadeiro entrevistador deve estar condicionado e capacitado a interagir conforme o esquema:

> Pesquisador/Entrevistador = profundo conhecedor ⇔ universo do entrevistado ⇔ ciência – procedimentos científicos ⇔ processos de categorização = validação de resultados.

Para Biasoli-Alves (1995) e André (1988) *et al.*, existem inúmeras dificuldades vinculadas a esse tipo de análise pela falta de caminhos prescritivos para levá-la a efeito, correndo-se o risco de efetuá-la de maneira muito intuitiva e rápida, tomando-se por base uma leitura muito apressada dos dados e sem uma fundamentação teórica adequada e sistemática.

Por essa razão, afirma Biasoli-Alves (1998, p. 135-149)

> que apesar da flexibilidade por ela permitida deve-se salientar a necessidade de um RIGOR na *análise qualitativa*, que pode ser previsto em seis momentos cruciais:
>
> • Construção do roteiro.
> • Execução da Entrevista e registro literal dos dados.
> • Transcrição literal.
> • As leituras das transcrições.
> • Sistematização dos dados.
> • A redação. (Grifo nosso).

A SISTEMATIZAÇÃO DOS DADOS

Exige, inicialmente, a impregnação do conteúdo das transcrições e/ou dos protocolos pelo entrevistador/pesquisador, seguindo-se o afunilamento dos resultados em função do referencial conceitual e o contato com a realidade estudada, na procura de regularidades e diferenças nos dados emitidos pelos entrevistados, pela análise da veracidade das respostas emitidas e pela delimitação progressiva do foco de estudo. Questões estas que vêm diretamente do problema sob investigação e dos objetivos propostos.

Portanto, o momento da *sistematização é o foco central da pesquisa*. O pesquisador/entrevistador, nessa fase, tem o dever de deixar-se envolver pelos dados processados no exato momento da Entrevista e quando a emissão da fala do sujeito entrevistado se torna veemente.

Para Biasoli-Alves, deve deter-se ora na análise mais imediata do conteúdo expresso, ora nas teias das relações que se entrelaçam, devendo visualizar, principalmente:

> as questões advindas do seu problema de pesquisa; as formulações das abordagens conceituais que adota para possíveis interpretações

dos dados; a própria realidade sob estudo, que exige um espaço para demonstrar evidências, consistências e inconsistências. (BIASOLI-ALVES, 1998, p. 151)

Cumpre-se, assim, manter-se a fidelidade ao universo de vida cotidiana dos sujeitos responsáveis pela emissão das respostas aos questionamentos propostos, para a concretização dos objetivos.

Análise estatística

Os planos de análises estatísticas devem ser feitos antes do início das Entrevistas, permitindo focalizar os objetivos propostos por meio dos resultados a serem obtidos pela análise.

É óbvio que a estrita e plena adesão ao protocolo poderá impedir a descoberta do inesperado. Por essa razão, o protocolo deve ser, em princípio, um plano de trabalho realista e exequível, mas não deve levar à excessiva rigidez na condução da Entrevista qualitativa.

Faz-se necessário a presença de um estatístico que *oriente metodologicamente*, desde a preparação da Entrevista, para que, no final, os dados obtidos possam ser considerados rigorosamente confiáveis e científicos.

Redação

Em uma outra visão, conforme Vieira e Hossne (1998), o delineamento da Entrevista deve ser especificado de acordo com a proposição:

　　a) Variáveis em análise e a forma de medi-las.

　　b) Grupos em comparação.

　　c) Seleção de sujeitos/adequação.

　　d) Forma de condução.

A análise, para Vieira e Hossne (1998), portanto, fundamenta-se teoricamente na comparação de grupos, na seleção adequada dos sujeitos a serem entrevistados e na forma de condução da Entrevista, diferentemente de Biasoli-Alves (1998) que se aprofunda na análise da interpretação do universo do sujeito entrevistado e da apresentação da sua fala.

Para que haja validação, observando as duas visões, é notório que uma deva complementar a outra, pois, de forma contrária, ambos os procedimentos serão incompletos. Assim sendo, sugerimos, inicialmente a proposta de Vieira e Hossne, seguida pela de Biasoli-Alves.

Conforme Biasoli-Alves (1998), após concretizada a análise qualitativa, elegendo tópicos e temas, sequenciada a narrativa, aportando na literatura como subsídio e nas próprias verbalizações dos sujeitos, é fundamental cuidar de fazer uma *redação* coerente e fluida que encaminhe o leitor para a compreensão e para a crítica do texto; portanto, que apresente as qualidades de ser artesanal e expressar a criatividade do pesquisador, pois se trata da finalização do estudo realizado.

> Concluindo, podemos sequenciar:
> Anotações → transcrição literal → leituras sistematizadas → sistematização dos dados → redação.

Da redação dependerá a compreensão dos dados obtidos por futuros pesquisadores. É dever do entrevistador/pesquisador descrever todo o procedimento de forma clara, objetiva e sintética. Cabe a ele também o dever de processar introduções teóricas, permear análises, proceder a registros, categorizar dados e finalizar, chegando aos resultados de forma rigorosamente científica e gramaticalmente correta.

A linguagem utilizada e a maneira como são disponibilizados os dados tornam-se, assim, os responsáveis por mostrar o rigor que permeou todo o projeto.

ASPECTOS ÉTICOS E EXIGÊNCIAS COM ENTREVISTADOS ESPECIAIS E COM O ENTREVISTADOR

O consentimento esclarecido dos participantes e as comissões de ética

Vieira e Hossne (1998, p. 100) afirmam que "poucas pessoas têm competência para entender a lógica da Entrevista. Por isso só o consentimento esclarecido do participante não é suficiente." Segundo os autores, "a palavra consentimento implica em uma ideia de atitude tomada por livre e espontânea vontade, mas não com pleno conhecimento dos fatos".

Muitos pesquisadores insistem, hoje, na necessidade de se obter o "consentimento esclarecido" do participante, para deixar claro que este deve não apenas concordar em participar do experimento mas também tomar essa atitude plenamente consciente dos fatos, dos questionamentos que lhe serão feitos, dos motivos da Entrevista, dos riscos e dos favorecimentos que os resultados podem ocasionar e da sua liberdade de deixar de ser participante, caso sinta necessidade, por qualquer que seja o motivo.

Cabe observar, ainda, que a expressão "consentimento esclarecido" traduz melhor o significado real do ato do que a expressão "consentimento pós-informado" já que se refere à ideia de que o consentimento deve ser obtido não apenas após a informação mas também após o esclarecimento. Afinal, esclarecer é muito mais do que simplesmente informar.

Conforme Vieira e Hossne (1998), vale ressaltar que é preciso deixar claro que a simples assinatura do participante da Entrevista no rodapé não significa, necessariamente, que ele tenha realmente consentido em participar plenamente dos questionamentos. Afirmam que é no Protocolo de Entrevista que deverá constar, além da descrição e do esclarecimento de como a entrevista será conduzida, e a forma de como foi ou será efetivado *o consentimento*.

O formulário de consentimento deverá ser assinado pelo entrevistado, sendo que a verdadeira homologação do aceite deverá ocorrer de maneira muito mais complexa, após os inúmeros esclarecimentos sobre os procedimentos e os resultados esperados para a pesquisa.

Aqui se diz complexa, partindo-se do princípio de que são vários os tipos de pesquisa e, portanto, inúmeros os tipos de questionamento a serem feitos. A abrangência é ampla, ficando, assim, evidente que cada caso é um caso..., e que cada Entrevista é muito distinta das demais.

Já o entrevistador, embora tenha o domínio da situação, e espera-se que tenha também competência, não tem o direito de decidir pelo entrevistado. Esse fato é comprovado por Beecher *apud* Vieira e Hossne (1998, p. 45), quando afirma que "o entrevistador não tem direito sobre o entrevistado que é responsável por decidir sobre responder ou não às questões, e, de se submeter ou não à Entrevista".

O participante, como já visto, é livre na tomada de decisões.

O sujeito da Entrevista, no momento em que, por meio de suas respostas, passa a ser membro integrante da pesquisa, torna-se um dos responsáveis pelos futuros resultados que comporão a contribuição científica, no seu final. Esse aspecto leva-nos a considerar e refletir, com profundidade, a gama de responsabilidades do pesquisador ao selecionar os sujeitos da pesquisa.

Para que fique, então, *selado o compromisso* de ambos entrevistador ↔ entrevistado, o *entrevistador* será o *responsável por esclarecer* para o entrevistado todos os aspectos da Entrevista, tais como: local de realização, duração dos questionamentos, quantidade de encontros, como os registros serão efetuados, preservação da identidade, danos, riscos e benefícios possíveis, a importância da veracidade e do rigor das respostas dadas etc.

Já o *entrevistado* deverá consentir através da *assinatura de um termo de compromisso* entregue ao entrevistador, não sendo, porém, obrigado, através dessa assinatura de consentimento, a participar dos questionamentos até o final, como o já mencionado anteriormente. Vale lembrar que, se se sentir coagido através de questionamentos ou por outro motivo qualquer, terá pleno direito de abandonar a investigação ou a participação.

Esse é um dos motivos considerados por alguns Centros de Pesquisa, nos Estados Unidos, que optaram pelo registro de dados por meio da *gravação* e até mesmo da *filmagem* das Entrevistas, mesmo com as interferências que essas técnicas, algumas vezes, provocam. Acreditam que só assim podem ser evitados alguns problemas usuais.

Desse modo, reafirma-se o posicionamento de que a obtenção do *consentimento esclarecido* é um processo de negociação que exige respeito à dignidade. E, mais ainda, exige que o sujeito esteja convencido e esclarecido a contento.

Muito mais séria e ampla é essa questão quando na seleção dos sujeitos, pois, segundo Vieira e Hossne (1998, p. 45),

> a questão do consentimento é especialmente grave quando a pesquisa é feita com pessoas *vulneráveis*, isto é, com indivíduos impossibilitados de proteção dos próprios interesses, porque a sua capacidade de autodeterminação está reduzida, mesmo que momentaneamente. É evidente que todas as pessoas podem ser entendidas como vulneráveis em determinadas situações, porque todos nós dependemos uns dos outros para viver. Porém, são especialmente vulneráveis os que estão em situação de dependência.

Não pode o entrevistador fazer uso de procedimentos intencionais. Todos os sujeitos, independentemente da situação, têm direito à explicação. Se eles apenas assinarem pela Entrevista sem o recebimento das informações adequadas a respeito da situação sobre a qual são desejados os resultados (respostas), ou não tiverem a oportunidade de decidirem pelas respostas, é como se não houvesse ocorrido o consentimento, pois, na verdade, esses sujeitos foram ludibriados.

Danos, riscos e benefícios

Como preleciona Valles (2000, p. 130),

> *o Dano* na Entrevista poderá ser imediato ou tardio, podendo muitas vezes comprometer o entrevistado, indivíduos citados ou até mesmo uma comunidade toda. Portanto, deve-se por precaução:
> - Oferecer elevada possibilidade de gerar conhecimentos para entender, prevenir ou aliviar um problema que afete o bem estar dos entrevistados ou de outros indivíduos relacionados à Entrevista.
> - Estabelecer, quando necessário, que o risco se justifique pela importância do benefício esperado.
> - Dirigir a Entrevista de maneira a levar o benefício a ser maior, ou no mínimo igual a alternativas previstas como prejuízo.
> - As Entrevistas sem benefícios diretos para o entrevistado devem prever condições de serem bem suportadas pelo participante, considerando a sua situação física, psicológica, social e educacional. Uma

das soluções, com 100% de resolução deste problema, é o estabelecimento de vínculo afetivo, de respeito mútuo e de confiabilidade entre entrevistador e entrevistado.

- O entrevistador deve ser responsável por suspender a Entrevista imediatamente ao perceber algum desconforto do entrevistado que levaria ao prejuízo das respostas. Deve ocorrer aí uma interrupção, mesmo não tendo sido elaborada no protocolo.
- Do relatório final deve constar a justificativa da interrupção, os efeitos adversos ou fatos relevantes que alteraram o curso normal. Não devendo, portanto, ser omitido o sujeito eliminado.
- Jamais poderá ser exigido do entrevistado, sob qualquer argumento, renúncia ao direito à indenização por dano. O formulário de consentimento livre e esclarecido não deve conter nenhuma ressalva que afaste essa responsabilidade ou que implique ao entrevistado abrir mão de seus direitos legais, inclui o direito de procurar indenização por danos eventuais.

Em toda Entrevista, há possibilidades de danos na dimensão física, psíquica, moral, intelectual, social, cultural e espiritual do ser humano, em qualquer fase da investigação ou dos resultados dela decorrentes.

O agravo pode ser imediato ou tardio, ao indivíduo ou à coletividade, com nexo causal comprovado direta ou indiretamente, por precedentes referentes à Entrevista.

De acordo com Vieira e Hossne (1998, p. 41), os principais danos ocorridos na atualidade são considerados sociais e têm estrita ligação com o imenso avanço tecnológico.

- **Danos Sociais** – conforme Vieira e Hossne (1998), os danos são associados à publicação de dados confidenciais.

O uso crescente de computadores facilitou o acesso aos bancos de dados. Entretanto, não tendo sido ainda tomadas as providências cabíveis, são poucas as sugestões para se garantir o *sigilo* sobre a identidade dos participantes de uma Entrevista.

Por esse motivo, sugerimos que sejam usados nomes fictícios, mesmo após os esclarecimentos e a assinatura dos termos de consentimentos, pelos participantes das Entrevistas, por três motivos:

- maior tranquilidade dos participantes na emissão de respostas aos questionamentos;
- segurança futura, tanto para o entrevistado quanto para o entrevistador, caso venham a se arrepender da colocação dos dados;
- segurança para o entrevistado na emissão de dados sigilosos política e moralmente.

Exigências

Todo entrevistador/pesquisador deve conduzir a Entrevista de maneira adequada e ética, devendo sempre: fazer com que a Entrevista se limite aos princípios científicos e justifique as possibilidades concretas de responder a incertezas; que esteja fundamentada em análise prévia e fatos científicos; que seja realizada somente quando o conhecimento que se pretende obter não possa ser adquirido por meio de outros meios; que faça prevalecer sempre as probabilidades dos benefícios esperados sobre os riscos previsíveis; que obedeça à metodologia adequada; que conte sempre com recursos humanos e materiais necessários para que seja garantido o bem-estar do entrevistado.

Aqui entram: o consentimento esclarecido assinado pelos entrevistados, o comitê de ética que deve ser consultado quando as pesquisas são feitas com participantes e os esclarecimentos gerais já abordados em tópicos anteriores.

- **Comitê de Ética:**

Toda pesquisa envolvendo seres humanos tem como obrigatoriedade passar por análise e aprovação antes que sejam aplicados os testes e os demais procedimentos.

Quanto às Entrevistas, todos os possíveis questionamentos preparados para serem feitos, devem ser previamente analisados, bem como os passos e os procedimentos da sua aplicação, que deverão estar minuciosamente detalhados no protocolo e no guia para a realização das Entrevistas.

- **Sigilo:**

Todo entrevistador/pesquisador deve estabelecer salvaguardas seguras para os sujeitos da pesquisa.

Os entrevistados devem ser informados quanto aos limites da capacidade do entrevistador de guardar sigilo e às consequências previstas se houver a quebra do mesmo.

O entrevistador deve dar ciência ao entrevistado de todos os procedimentos a serem utilizados para a manutenção do sigilo, devendo, também, transmitir tranquilidade ao entrevistado a esse respeito, verificando quais as consequências para ambos se o sigilo não se mantiver, como já especificado anteriormente.

Esse aspecto é variável de entrevista para entrevista, pois depende do tema em questão, e este, por sua vez, muda muito.

Entra aí, mais uma vez, o posicionamento correto do pesquisador/entrevistador, devendo ter habilidades e discernimentos também corretos.

É séria essa questão da manutenção do sigilo, pois vem propiciando algumas controvérsias científicas, tais como:

- Como já descrito em capítulo anterior (Introdução), a afirmativa de Luna (1998) que preleciona: "Cada vez com maior intensidade, as informações geradas pelos procedimentos de pesquisa consistem em massas de relatos verbais, verdadeiros discursos que, em geral, não são colocados à disposição do leitor, ou, pelo seu volume, ou pela necessidade de manutenção de sigilo".

- O entrevistador tem o dever de prever procedimentos que assegurem a confiabilidade e a privacidade, a proteção da imagem e a não estigmatização, garantindo a não utilização das informações em prejuízo das pessoas e/ou das comunidades, inclusive em termos de autoestima, de prestígio econômico-financeiro.

- Consta como norma do sigilo, também, ao entrevistador e ao entrevistado, terem ciência de que os dados obtidos através da Entrevista não poderão ser usados para outros fins que não os previstos no protocolo e/ou consentimento.

É dever do entrevistador arquivar, por cinco anos, todas as provas de coleta de dados, tais como gravações efetuadas, filmagens, escritos etc., o que vem comprovar, mais uma vez, a seriedade da preparação da Entrevista e procedimentos pós-Entrevista.

- **Autorizações:**

Em todo trabalho científico, em que os objetos da pesquisa sejam seres humanos, é necessário que seja documentado, por meio de autorizações digitalizadas e redigidas pelo próprio autor da pesquisa, assinadas pelo orientador e pelo responsável pela instituição onde a pesquisa está sendo desenvolvida, e, finalmente, anexadas ao trabalho como comprovação da ciência e concordância com a publicação dos resultados, de fotos, de dados emitidos quando entrevistados ou questionados os sujeitos.

Grupos vulneráveis

O consentimento esclarecido dos entrevistados pertencentes a grupos vulneráveis, ou legalmente incapazes, deve ocorrer na presença dos mesmos, devendo o entrevistador tratá-los com dignidade, respeitá-los em sua autonomia e defendê-los em sua vulnerabilidade.

São considerados grupos vulneráveis ou pessoas em situação de dependência:

- todos os institucionalizados, como: prisioneiros, velhos asilados, menores recolhidos em orfanatos ou outros tipos de instituição;
- pacientes de enfermarias, empregados, alunos etc.;

- pessoas com doenças crônicas, pois podem estar procurando ajuda desesperadamente;
- entre outros.

A ponderação entre prejuízos e benefícios, tanto atuais como potenciais, individuais ou coletivos, deve levar o entrevistador a interagir-se com o máximo de benefícios e o mínimo de dados e riscos junto a esses grupos, se selecionados como sujeitos da pesquisa.

EXCEPCIONAIS, PRESIDIÁRIOS, DEPENDENTES QUÍMICOS, DOENTES, CRIANÇAS COM RESTRIÇÕES

a) Crianças delinquentes:

De acordo com Simmons (1976, p. 7), em relação às *crianças delinquentes*, é útil afirmar que "compreendemos que ela está detida, ou que teve algum problema, e que gostaríamos de ouvir a sua versão da história." Só a confiança fará com que a criança se sinta liberta, expresse com fidedignidade seus pensamentos, e assim o examinador/entrevistador terá as respostas adequadas para os questionamentos efetivados.

b) Crianças hospitalizadas:

Exigem um enfoque diferente do já descrito. O examinador/entrevistador deve apresentar-se por meio de uma conversa descontraída, sendo a criança arguida inicialmente sobre:

Há quanto tempo está ali? Como se sente? Quantos anos tem? Etc.

Não é possível, segundo os autores já mencionados, citar todas as variações existentes de Entrevistas iniciais.

c) Participantes e comunidades subdesenvolvidas:

Para Valles (2000, p. 119),

> antes de encetar Entrevistas envolvendo participantes de comunidades subdesenvolvidas, o entrevistador deve garantir que:
> - Todos os esforços para assegurar o imperativo ético de que o consentimento dos indivíduos participantes tenha sido efetivado pós-informação e esclarecimentos.
> - As propostas para a Entrevista tenham sido revisadas e aprovadas após uma análise, também ética, que tenha entre seus consultores pessoas totalmente familiarizadas com os costumes e tradições da comunidade.

d) Pessoas com distúrbios mentais e comportamentais:

Segundo Valles (2000, p. 118),

antes de engajar-se em Entrevistas envolvendo indivíduos que devido a distúrbios mentais ou comportamentais não são capazes de dar um consentimento pós-informação adequado, o entrevistador deve garantir que:

- Tais pessoas não participarão de Entrevistas que podem ser igualmente executadas com pessoas em plena posse de suas faculdades mentais.
- Será obtido o consentimento de cada pessoa, na medida de sua capacidade, e que a recusa de um possível entrevistado em participar da Entrevista será sempre respeitada.
- No caso de participantes sem discernimento, o consentimento pós-informação e esclarecimentos deverá ser obtido do guardião legal ou de outra pessoa devidamente habilitada para tal.

Aspectos da Entrevista com crianças

Conforme Valles (2000, p. 118),

antes de envolver-se em Entrevista com crianças o entrevistador deve garantir :

- Que os responsáveis pela criança, o pai, a mãe ou o guardião legal, tenham dado o consentimento por ela.
- Que o consentimento de cada criança tenha sido obtido no limite de sua capacidade, preservando sua identidade, o seu potencial psicológico, social e intelectual.
- Que a recusa da criança em participar da Entrevista deve ser sempre respeitada. Não há resposta fidedigna onde existem imposições.
- Que o risco apresentado por intervenção que não visa beneficiar o participante-criança deve ser pequeno e comensurável frente à importância do conhecimento ganho, ou resultados e benefícios obtidos pós-pesquisa.

Visca (1987), psicólogo social, intelectual reflexivo, talentoso e discípulo de Enrique Pichon Rivière (fundador e diretor do Centro de Estudos Psicopedagógicos), dedicado à psicopedagogia clínica, conduz-nos ao mundo interativo do diagnóstico e do tratamento propriamente dito de crianças, recorrendo a processos e recursos corretores.

Adepto à Entrevista clínica, Visca faz referência ao fator "**tempo**" e a seus aspectos relevantes para a condução da pesquisa, dizendo poder abordá-lo em dois âmbitos:

a) sua dimensão instrumental;

b) sua dimensão conceitual.

Para o autor, "o **tempo** é a unidade durante a qual se assiste o sujeito". Na prática, costuma utilizá-lo com diferentes pacientes, diferentes unidades de tempo de acordo com determinados critérios. Para ele, cada encontro da Entrevista, na pesquisa qualitativa, deve ser desenvolvido durante, no mínimo, 30 minutos, sendo a melhor média geral a ser considerada a de 50 minutos destinados ao atendimento do sujeito/criança. Porém, o fato de iniciar a sessão pontualmente e dispor de dez minutos para a descontaminação faz com que os minutos iniciais sejam também computados.

Já para pacientes – crianças, adolescentes ou adultos – com dificuldades muito sérias, sejam emocionais, intelectuais ou ambas conjugadas, a sua experiência clínica indica a conveniência de utilizar um marco de 60 minutos, que oferece um continente mais compreensível e manejável. Lembra, porém, um fato importante: muitas vezes, o limite é estipulado pelo próprio assistido. Algumas vezes, há necessidade de fixar sessões com uma duração maior. Mas, qualquer que seja o tempo preestabelecido, este deve constituir para o psicopedagogo uma categoria *conceitual* que permite situar fenômenos em um espaço ou subespaços temporais.

Fluxograma – 5: Categoria Conceitual – Tempo

CATEGORIA CONCEITUAL – TEMPO		
Pré-Entrevista (0 minutos)		Desde que tem notícia do paciente
Começo da Entrevista (10 minutos)	(Descontaminação) Ambientação Primeiros Contatos	Desde que transpõe a porta do consultório
Entrevista propriamente dita (30 minutos)	ENTREVISTA	Desde que entra na tarefa
Término da Entrevista (10 minutos)	Término da Entrevista	Até que termina a tarefa
Pós-Entrevista		Até que transponha a porta do consultório

Como já certificado por Visca (1987), um espaço de tempo predeterminado, que não ultrapasse à média geral, seria de 50 minutos, e no máximo 60 minutos, principalmente para as crianças, que, em geral, possuem um campo de concentração ainda limitado.

Analisando essa teoria de Visca quanto ao *tempo de Entrevista*, pudemos, após uma reflexão mais profunda e generalista, constatar que esse fator e as considerações feitas pelo autor podem ser transportados para qualquer tipo de Entrevista, e para qualquer pesquisa, independentemente da faixa etária dos sujeitos selecionados para a coleta de dados, como já mencionado em capítulos anteriores.

Preparando a criança e iniciando a Entrevista

Segundo Simmons (1976, p. 1), "é comum que haja profunda ansiedade por parte da criança, de seus pais e do examinador por ocasião da primeira Entrevista".

O examinador deverá, portanto, ter conhecimento de como proceder para atenuar esses temores, tornando-os menos incômodos, dando aos pais instruções simples referentes ao seu preparo e ao da criança para a primeira Entrevista, dependendo essas instruções da idade, do grau de compreensão da criança, dos seus problemas clínicos, pedagógicos ou outros que porventura venham a fazer parte do seu contexto situacional. Por exemplo: como dizer à criança que vão levá-la para conversar com um homem, que é um "professor bonzinho", se ela está com problemas sérios na escola? Existem, portanto, maneiras apropriadas de condução da criança até o entrevistador que devem ser analisadas, com cuidado e antecedência, pelos pais e com a orientação do pesquisador para que os problemas não se processem antes do início da primeira Entrevista, vindo a prejudicar todo um procedimento posterior.

A orientação de Simmons (1976) é para que as instruções sejam abertas, reais e francas, evitando a estimulação de sentimentos de vergonha ou medo excessivo na criança. Tudo que é real é mais facilmente tratado e verificado. A mentira ou a transformação de verdades para não verdades deve ser evitada em todos os âmbitos. Essa fase é chamada de etapa de preparação ou pré-Entrevista. A primeira Entrevista da criança deve sempre ter o acompanhamento dos pais para que se sinta mais segura. Só a partir do segundo encontro é que Simmons (1976) recomenda que esteja sozinha. Isso se a criança já estiver se sentindo confiante e à vontade.

Conselhos para estipulação do tempo real para a Entrevista

O uso planejado do tempo, segundo Simmons (1976) e Visca (1987), é extremamente importante, devendo ser, como já mencionado, de no mínimo 30 minutos e no máximo 60 minutos para que a Entrevista de coleta de dados não seja exaustiva para ambos: sujeitos/pacientes e/ou entrevistadores/examinadores.

É necessário, também, que o entrevistador/examinador esteja descontraído e que em hora alguma demonstre pressa ou autoritarismo. Ele deve se transformar no próprio "amigo" do entrevistado.

Por outro lado, de acordo com Simmons (1976, p. 17), "o examinador não pode permitir a falta de objetivo, a conversação divagadora e sem direção, a qual, em geral revelará pouco sobre a criança ou sujeito entrevistado".

Alguns entrevistadores preferem dar ao ambiente de Entrevista um ar que combine o local da Entrevista a uma sala de jogos, visando deixar a criança tão naturalmente espontânea e cooperativa quanto possível.

Geralmente, nas Entrevistas, é usada a conversação como respaldo, mesmo que a criança tenha pouca idade, encorajando-a a tomar a iniciativa de falar.

Numa Entrevista inicial, não convém forçar as respostas e o diálogo. Conforme Simmons (1976), muitas vezes, é impossível aliviar o medo na primeira Entrevista. Assim sendo, a diminuição da ansiedade deverá acontecer gradualmente em cada uma das Entrevistas seguintes.

Portanto, são importantes as considerações quanto a:

- **Confidência e o Estabelecimento de Limites:**

De acordo com Simmons (1976, p. 11), "o estabelecimento de limites e a confidência são questões que o examinador deve ter em mente durante todas as fases da Entrevista".

É comprovado que a criança não acredita e nem confia imediatamente nos adultos, principalmente se forem estranhos. E percebe rapidamente se o examinador/entrevistador é digno de confiança ou não.

A maioria das crianças tem um aguçado sentido para a percepção de detalhes e, dessa maneira, capta, com muita nitidez, a real intenção do Entrevistador. Muitas iniciam a Entrevista com uma barreira, previamente fixada, até que se sintam confiantes percebendo que, a partir daquele momento, podem iniciar as suas confidências com o entrevistador de forma espontânea.

Para Simmons (1976, p. 12),

> [...] toda Entrevista inicial com crianças é perturbadora, tanto para a criança como para o examinador/entrevistador. E, em alguns casos pode afetar todas as tentativas futuras de se lidar com aquela criança, principalmente se o examinador for demasiado restritivo; ou se falhar ao dar à criança quaisquer parâmetros comportamentais, a produtividade da Entrevista ver-se-á seriamente comprometida.

Simmons (1976) aconselha e propõe uma posição firme e uma aproximação mais moderada que, em geral, é de maior utilidade, levando a Entrevista a um êxito final. Diz o autor que deve haver uma oportunidade para atividades tanto verbais quanto não verbais durante a situação de Entrevista, levando a criança à espontaneidade. Aconselha que o entrevistador/examinador não seja excessivamente passivo, mas oportunizando, ao mesmo tempo, que a criança fantasie com o mínimo de intervenções e sugestões possíveis, pois é aí que ela poderá ser observada com maior profundidade, e a coleta de dados e os resultados serão evidenciados.

Conforme Simmons (1976, p. 17), as técnicas de Entrevista com crianças dependem de três variáveis:

- a criança;
- o examinador/entrevistador;
- o ambiente de exame.

Sugere que o local seja uma sala de brinquedos, um consultório ou uma associação de ambos. Os equipamentos utilizados devem facilitar a expressão verbal e física da criança e a expressão livre de suas fantasias que ganham um significado maior para o examinador/entrevistador, permitindo à criança verbalizar seus pensamentos que retornam para o examinador como respostas e resultados.

Simmons (1976, p. 67) refere-se ao exame da criança, que apresenta desenvolvimento verbal limitado, como sendo bastante complexo. Para o autor, ela deve ser examinada dentro da estrutura do seu desenvolvimento, sendo avaliada pela sua idade social, verbal, adaptativa e motora.

- **Entrevista com os Pais:**

Outro fator importante para Simmons (1976, p. 103) é a Entrevista com os pais, que devem ser arguidos, inicialmente, na presença da criança, e, posteriormente, na ausência dela e individualmente.

Essa Entrevista com os pais deverá abordar:

- a história pessoal completa da criança;
- a história conjugal;
- a história pessoal e familiar do pai e da mãe;
- o grau de cultura familiar;
- e as atitudes paternas e maternas frente às causas e aos possíveis modos de tratamentos.

Esses serão fatores de compreensão e prognóstico, embora, na maioria das vezes, não sejam as causas dos sintomas. Mas, tentar diagnosticar, tratar ou coletar dados de uma criança, sem a ajuda dos pais, seria como tentar criar um vácuo psicológico.

Segundo Arfouilloux (1976, p. 30),

> há uma infinidade de maneiras de encarar as finalidades de Entrevista qualitativa com a criança: elas dependem das circunstâncias, da solicitação da criança, e mais ainda, da de sua família ou de seu meio escolar educativo; elas são determinadas diretamente pela função e o papel assumido pela pessoa que conduz a Entrevista [...].

Para Arfouilloux (1976), entrevistar uma criança "não é somente escutá-la, e se possível ouvi-la, mas também observá-la, embora sabendo perfeitamente que também somos observados por ela".

De acordo com o autor, a Entrevista com crianças é muito mais diversificada do que todas as outras, podendo ser inseridos, na análise, vários outros procedimentos, tais como desenhos, brinquedos, testes, entre outros.

Mas, para não fugir aos objetivos tratados na presente pesquisa, delimitar-nos-emos a esses poucos enfoques, para que não se percam as respostas às hipóteses levantadas.

Conforme proposições de Weiss (1994, p. 118), é necessário que haja uma reflexão profunda sobre a importância do momento da Entrevista com crianças. Deve haver, no seu final, uma devolução por meio de uma comunicação verbal, relatando aos pais, e, se possível, ao paciente os resultados obtidos ao longo do diagnóstico ou da coleta de dados.

Para a autora, não é suficiente apenas apresentar conclusões, mas aproveitar o espaço para que os pais tomem ciência profunda da análise e assumam a problemática (se houver) diagnosticada.

Já para a criança, a devolução deve ser feita no seu nível de compreensão e da sua idade. Somente assim não lhe ficará a sensação de que algo lhe foi roubado, e sim a certeza de que não há segredos entre ela, o examinador/entrevistador e seus pais. É necessário, nessa fase, que circule muito afeto, terminando com uma orientação geral.

Competência do entrevistador e a técnica de Entrevista

Todo pesquisador/entrevistador, antes da iniciação no árduo trabalho de coleta de dados por intermédio da Entrevista, deve questionar-se sobre os seus conhecimentos científicos, seu pleno saber sobre o tema em estudo, suas habilidades emocionais e físicas como entrevistador, sua capacidade de arguição e intervenção e sua prontidão no preparo de questões imprevisíveis e no momento adequado.

Deve, portanto, ser capaz de antecipar-se na preparação de possíveis respostas a questionamentos que, por ora, possam vir a ocorrer por parte do entrevistado. E, principalmente, testar seus méritos quanto à aplicação das intervenções, quando se fizerem necessárias, interrompendo a Entrevista ou alterando o rumo do roteiro previamente elaborado.

Conforme Vieira e Hossne (1998, p. 42), "[...] é fundamental que o pesquisador tenha competência para fazer perguntas cujas respostas sejam de relevância para a massa de conhecimentos já existentes [...]. Os dados precisam ser coletados, analisados e interpretados."

O entrevistador que se aventurar na batalha de coleta de dados sem um prévio treinamento e um profundo conhecimento científico, com certeza, estará fadado ao fracasso, levando todas ou quase todas as hipóteses levantadas a resultados sem nenhuma validação, e nada contribuindo e acrescentando à ciência.

Deveres e responsabilidades do entrevistador

Conforme Vieira e Hossne (1998, p. 36), todo entrevistador deve ser comprometido com os inúmeros aspectos a serem respeitados. Mas, segundo os mesmos autores, o que fundamenta e solidifica o relacionamento entrevistador ↔ entrevistado é o respeito.

- **Respeito às pessoas:**

Citamos aqui

> o respeito às pessoas baseado na filosofia de Kant que formalizou o princípio de que o homem é um fim em si mesmo, não um meio. Então, toda pessoa tem direito à autodeterminação isto é: agir de acordo com os próprios julgamentos e convicções. As decisões tomadas pelas pessoas devem ser respeitadas, a menos que existam razões para justificar a invasão da privacidade e intervenção, contra desejo expresso [...]".(*apud* VIEIRA; HOSSNE, 1998, p. 36)

Nesse ponto, insere-se a questão da *ética científica*, que deve ser lembrada a cada momento nas arguições e procedimentos da pesquisa.

Para Silva (*apud* ROMANELLI; BIASOLI-ALVES, 1998, p. 159),

> [...] é necessário que o pesquisador, muito mais do que saber defender sua posição metodológica em oposição às outras, saiba que existem diferentes lógicas de ação em pesquisa e que o importante é manter-se coerentemente dentro de cada uma delas. Além disso, é necessário que saiba explicitar em seu relato de pesquisa a sua opção metodológica e todo o procedimento desenvolvido na construção de sua investigação e os quadros de referência que o informam.

Faz-se necessário, aqui, serem evidenciados alguns pontos, características e deveres imprescindíveis na conduta do entrevistador, tais como:

- saber como e quando, isto é, o momento exato de transmitir ao entrevistado todas as informações necessárias;
- possibilitar ao entrevistado que faça todos os questionamentos que se fizerem necessários, deixando-o visivelmente à vontade;
- excluir a possibilidade de engano injustificado e influência indevida;
- jamais utilizar como recurso a intimidação;
- ter facilidade de compactuar-se com estranhos;
- ser desenvolto, amigo e confiável;
- manter respeito ao entrevistado sempre;
- solicitar o consentimento apenas depois que o possível participante da Entrevista tiver conhecimento pleno e adequado dos fatos relevantes e das consequências da sua participação e tiver tido tempo e oportunidades suficientes para considerar se deseja participar ou não;
- obter de cada participante a assinatura do formulário como prova do consentimento pós-informado e esclarecido;
- renovar o consentimento de cada participante, se houver mudanças importantes nas condições, procedimentos ou condução da Entrevista;
- ter pleno conhecimento científico da aplicação das técnicas de Entrevista;
- ser profundo conhecedor do tema em questão, procurando aprimorar-se antes da aplicação da Entrevista, preocupando-se com a sua competência ante o projeto proposto;
- prever procedimentos que assegurem a confiabilidade e a privacidade, a proteção da imagem e a não estigmatização, garantindo a não utilização das informações em prejuízo das pessoas e/ou das comunidades, inclusive em termos de autoestima, de prestígio econômico-financeiro;
- ser sabedor de que deverá desenvolver a Entrevista, preferencialmente, com indivíduos dotados de autonomia plena;
- respeitar sempre os valores culturais, sociais e morais, religiosos e éticos, bem como os hábitos e os costumes, quando a Entrevista envolver, principalmente, comunidades;
- garantir o retorno dos benefícios obtidos por meio da Entrevista às pessoas ou às comunidades participantes. O protocolo deve conter, sempre que possível, disposição para comunicar tais benefícios, devendo ser elaborado em duas vias, sendo que uma deverá ficar com o entrevistado e outra com o entrevistador;

- ter ciência de que, em comunidades culturalmente diferenciadas, inclusive indígenas, se deve contar com a anuência antecipada da comunidade por intermédio de seus próprios líderes, não se dispensando, porém, esforços no sentido de obtenção do consentimento individual;
- explicitar e justificar, quando necessário, que o mérito da Entrevista depende da não restrição de informações por parte do entrevistado;
- Esclarecer que os dados obtidos por meio da Entrevista não poderão ser usados para outros fins que não os previstos no protocolo e/ou consentimento;
- devolver aos entrevistados, no final da pesquisa, os resultados obtidos.

O entrevistador é, como já verificado, a pessoa responsável por toda a orientação e condução da Entrevista, cabendo a ele toda a preparação como elaboração de protocolos, guias, questionamentos, coordenação, aplicação, registros e análise dos resultados da Entrevista, sendo o responsável, também, pela integridade e bem-estar dos sujeitos selecionados para as arguições.

O conhecimento científico do entrevistador

Para Nahoum (1961), a Entrevista só pode ser realizada por entrevistadores muito hábeis e experientes, informados sobre todos os aspectos da investigação que se irá realizar. Deverão ser capazes não só de conduzir a Entrevista mas também analisar a reação dos sujeitos e discuti-la. Deverão ter plena habilidade para fazer os registros e comunicá-los adequadamente.

De acordo com Valles (2000, p. 215), o entrevistador deve ser dotado de características externas, tais como: sexo, idade, aparência física e social. E outras menos aparentes, como: atitude, personalidade e amplitude do conhecimento sobre o tema. Estes são aspectos que devem ser levados em conta, quando na seleção do entrevistador adequado. A maioria das Entrevistas requer do entrevistador uma formação e conhecimentos especiais sobre a pessoa a ser entrevistada e o tema da Entrevista, principalmente para ser capaz de recorrer a informações relevantes, no momento exato.

Portanto, é bom que seja feita uma prévia verificação dessas características e o quanto elas afetarão a interação entrevistador ↔ entrevistado.

Quando o tema em questão é muito técnico e complexo, deve-se recorrer a um especialista conhecedor das especificidades do assunto, para que interaja com o entrevistador, orientando-o e esclarecendo pontos, muitas vezes, obscuros para o mesmo.

De acordo com a experiência de vários autores, como Gorden (1975), Weiss (1994) *et al.*, o entrevistador ideal deveria ter (independentemente do sexo, idade, condição social a respeito do entrevistado) uma personalidade flexível e ser suficientemente inteligente para captar os objetivos da Entrevista, avaliar criticamente as informações recebidas e saber indagar exaustivamente, na busca de um maior esclarecimento sobre as respostas emitidas.

Alguns entrevistadores se mostram muito inseguros em determinadas Entrevistas, dependendo da relação e do *status* do entrevistado: superioridade, inferioridade e mesmo igualdade. Esses aspectos podem provocar certas atitudes de temor no entrevistado e no entrevistador, principalmente se aquele pertencer a um grau muito mais elevado, socialmente, do que este, podendo ocasionar um efeito de distorção na Entrevista.

Pode aí o pesquisador solicitar o auxílio de alguns entrevistadores para que estejam presentes no momento da arguição, ajudando a melhorar a sua relação de comunicação. Esses entrevistadores podem ser de áreas diversas ligadas ao tema. Essa opção só será viável se não houver outra via para que os objetivos da Entrevista sejam alcançados plenamente, pois a presença de outras pessoas pode causar prejuízos, às vezes, ainda maiores do que a solução para o problema em questão (GORDEN, 1975; VALLES, 1992).

A melhor proposta, portanto, é que o entrevistador adquira todos os conhecimentos a respeito do tema e procedimentos metodológicos, para que depois, quando já integralmente preparado, seja ele o próprio condutor da Entrevista.

Questões que definem o uso, as vantagens e as limitações da técnica de entrevista

Valles (2000) bem define o uso, as vantagens e os inconvenientes das Entrevistas. De acordo com o autor, para o melhor empenho no emprego da Entrevista, devemos, anteriormente, conhecer as suas vantagens e limitações frente aos outros procedimentos para obtenção de informação. E somente após esse esclarecimento, será melhor compreendido o porquê da utilização e aplicação concreta das Entrevistas Qualitativas.

Em relação às outras técnicas de questionários, formulários, leitura documentada e observação participativa, as Entrevistas apresentam algumas vantagens que podem aqui ser evidenciadas:

- Permitem a obtenção de grande riqueza informativa – intensiva, holística e contextualizada – por serem dotadas de um estilo especialmente aberto, já que se utilizam de questionamentos semiestruturados.
- Proporcionam ao entrevistador uma oportunidade de esclarecimentos junto aos segmentos momentâneos de perguntas e respostas, possibilitando a inclusão de roteiros não previstos, sendo esse um marco de interação mais direta, personalizada, flexível e espontânea do que a Entrevista estruturada.
- Cumprem um papel estratégico na previsão de erros, por serem uma técnica flexível, dirigida e econômica que prevê, antecipadamente, os enfoques, as hipóteses e outras orientações úteis para as reais circuns-

tâncias da investigação, de acordo com a demanda do entrevistado, propiciando tempo para a preparação de outros instrumentos técnicos necessários para a realização, a contento, da Entrevista.

Durante o desenvolvimento e na fase final da Entrevista, podemos analisar, agora com muita clareza, os seguintes aspectos:

a) oferece contraste qualitativo aos resultados obtidos;

b) facilita a compreensão dos mesmos;

c) comparando a Entrevista individual com a Técnica de Discussão em Grupo, percebemos nitidamente as vantagens da primeira, que possibilita uma maior intimidade e relação de reciprocidade entre entrevistado ↔ entrevistador do que a discussão em grupo.

Limitações da Entrevista

- Fator tempo:

    Tem sido o inconveniente mais citado dessa técnica, pois esta consome mais tempo do entrevistado, tanto em sua realização como no tratamento.

- A informação:

    Concretiza-se somente a partir da relação entrevistador ↔ entrevistado, dependendo da situação da Entrevista tanto quanto das características da atuação do entrevistador e do entrevistado. Qualquer deslize afeta a validação dos dados obtidos, tais como: a falta ou o excesso de questionamentos, excessivo direcionamento por parte do entrevistador, excesso de perspicácia de ambas as partes.

- A confiança:

    Para que tudo se concretize com a devida validação, é necessário que haja espontaneidade e confiança.

- A observação:

    Frente às técnicas qualitativas de observação, a Entrevista tem como limitação a falta de observação direta e participante dos grupos, que, muitas vezes, contribuem com análise e verificações.

- A sinergia:

    Não produz o tipo de informação que a investigação em grupo fornece, em que se destacam os efeitos da "sinergia" e da "bola de neve" próprios da situação grupal.

Fluxograma 6 – Principais Vantagens e Inconvenientes da Entrevista

VANTAGENS	INCONVENIENTES
1 - Riqueza informativa: intensiva, holística, contextualizada e personalizada.	1 - Fator tempo com matizes.
2 - Possibilidade de indagação por meio de roteiros não-previstos e inclusos.	2 - Problemas potenciais de flexibilidade e validação.
3 - Flexibilidade, diligência e economia.	3 - Carência das vantagens da interação grupal – ausência de observação direta e participante de um grupo interativo.
4 - Contraponto qualitativo de resultados quantitativos.	4 - Complexidade nas etapas de preparação.
5 - Acessibilidade e informação de difícil observação.	5 - Só se viabiliza através da plena interação: entrevistador e entrevistado.
6 - Preferível por sua intimidade e confiabilidade.	6 - Exigência de conhecimento profundo por parte do entrevistador.

Fonte: Adaptado de VALLES, 2000, p. 118

Construção, validação e interpretação de resultados

Nos capítulos anteriores, várias abordagens foram feitas, todas destinadas à verificação de procedimentos que, por meio da Entrevista, conduzissem a interpretações que realmente levassem à validação dos resultados.

Conforme Marco Antonio de Castro Figueiredo *apud* Romanelli *et al.* (1998, p. 118 e ss.), a avaliação da *atitude* é um processo que engloba uma série de etapas, todas elas envolvendo o entrevistado e o entrevistador, numa ação conjunta e interativa.

Essas ações poderão ser verificadas por intermédio de Entrevistas *semiabertas*, segundo procedimentos de:

- *evocação;*
- *enunciação* e
- *verificação* (HCRPO, 1989), especialmente desenvolvida para este fim.

Estes procedimentos consistem em fazer com que o entrevistado apresente enunciados sobre o objeto da Entrevista com base em conteúdos armazenados e que ele próprio suscita, o que possibilita a diminuição dos efeitos da indução ou da interferência modificadora do entrevistador. Essa interferência pode ocorrer inconscientemente, portanto deve ser evitada.

Esse processo deve ser desenvolvido em três etapas, que levarão a resultados científicos, se desenvolvidos adequadamente.

As sugestões são:

Após uma plena interação com o entrevistado, no sentido de informá-lo sobre a Entrevista e o tema em questão, satisfazendo suas dúvidas e garantido sua adesão às condições de Entrevista, deve ser solicitado a ele que:

Fluxograma 7 – Proposta de Segmentos e Pré-Requisitos necessários para a Preparação da Entrevista.

REFLITA	ESCREVA	VERIFIQUE
Durante um período determinado (aproximadamente dois minutos), sobre o que achar mais relevante a respeito do fenômeno que é objeto de estudo. Essa fase é denominada *evocação*, pois tem por objetivo permitir o livre pensamento sobre o objeto de estudo, possibilitando o acesso aos conteúdos e representações mais salientes a respeito.	Esgotado o prazo para a evocação e entregando lápis e papel ao entrevistado, pede-se que se escreva, com as próprias palavras, o que de mais importante havia pensado na etapa anterior. Nos casos de impossibilidade de escrever, por parte dos entrevistados, os enunciados devem ser transmitidos *ipses literis* pelo entrevistador. Essa é a fase denominada *enunciação* responsável por possibilitar uma coleta de dados *in natura*, ou seja, os enunciados são formulações próprias de cada sujeito, podendo, posteriormente, ser incluídas como locuções na elaboração.	Finalmente, tomando-se os enunciados sobre os conteúdos evocados, a Entrevista é complementada verificando-se cada uma das enunciações em particular. Nessa etapa, poderão ser verificados alguns desdobramentos, adicionando-se novos elementos ao elenco dos dados coletados.

Fonte: Adaptado de GUILFORD, 1954 *apud* ROMANELLI *et al.*, 1998, p. 118.

"Uma vez realizadas as Entrevistas, os enunciados são isolados, respeitando-se a sua integridade sintática e semântica, os principais atributos são então identificados através de análises de conteúdos, para verificar a fidedignidade das avaliações" (GUILFORD, 1954 *apud* ROMANELLI *et al.*, 1998, p. 118 e ss.).

Fluxograma 8 – Procedimentos Inviáveis e Propostas para a Validação de Resultados

INVIÁVEIS	VIÁVEIS
O entrevistado, inúmeras vezes, apesar de expor as suas experiências, continua mantendo a sua *privacidade*. A alteridade passa a ser considerada uma dificuldade para a interação entre entrevistador e entrevistado.	**Inicialmente deve ser** selecionado o entrevistador, **eliminando-se aqueles que, por características de sua personalidade, poderiam produzir erros nos resultados, impossibilitando a concretização de uma Entrevista correta. Podemos citar de acordo com Nahoum: ter defeitos de pronúncia ou uma posição muito definida a respeito da resposta esperada, ser muito conservador ou tímido, ter um aspecto físico repleto de demasiado desleixo, assim por diante. Conversas informais, situações naturais do dia-a-dia, repletas de descontração, propiciam que o diálogo transcorra naturalmente e, portanto, as respostas e os dados são passados com maior veracidade.**
O entrevistado, ao longo da Entrevista, emite opiniões diversas, e muitas vezes *contraditórias*, sobre as falas produzidas e elaboradas por diferentes falantes com recursos reflexivos diferenciados e com maior ou menor expressão verbal sobre o mesmo tema.	A *subjetividade* não pode ser expulsa, nem evitada, mas deve ser admitida, e apenas *controlada pelos recursos metodológicos* do pesquisador.

Respostas dadas pelos entrevistados são, na maioria das vezes, emitidas *sem muita reflexão* e elaboradas com a síntese de múltiplas experiências, selecionadas e interpretadas no exato momento em que são interrogados.	Entra aí o papel do entrevistador, devendo *categorizar e selecionar* as respostas, às vezes, até solicitando maiores esclarecimentos.
O *excesso* utilizado numa explicação inicial pode reverter em questionamentos não muito compreendidos.	Portanto, todos os *questionamentos* devem ser *claros e objetivos* e com ausência de opinião do entrevistador.
A fragilidade conceitual dos cursos de Metodologia não tem enfrentado necessárias discussões epistemológicas, fornecendo aos discentes, futuros pesquisadores, apenas um *rol de técnicas* e inviabilizando, assim, a produção de pesquisas consistentes.	Os docentes preparados e conscientes, sendo poucos nessa área, nos dias atuais, devem *aprofundar seus estudos* e divulgar saberes.
O estabelecimento de um roteiro de Entrevistas com horário prévio já marcado para realizá-las, sem procedimentos adequados e uma *preparação prévia*. Geralmente, ocorre aí somente a análise dos conteúdos, e a maioria dos pressupostos são desconsiderados.	Deve ser *permitido, ao entrevistado*, que *introduza*, numa medida considerável, *suas noções* do que considera relevante, em lugar de depender das noções do entrevistador a relevância.
Muitos *erros* ocorrem e são cometidos na *preparação e no planejamento* da Entrevista. Esses erros são, na maioria das vezes, irremediáveis. Podemos citar as Entrevistas mal delineadas ou com amostras tendenciosas.	As *Entrevistas profissionais estabelecem um vínculo* profundo de afinidades e confiabilidade entre entrevistador e entrevistado, resultando quase sempre em respostas fidedignas. É imprescindível que um estatístico participe das decisões e do planejamento desde o início da pesquisa, na fase anterior à Entrevista, sugerindo a metodologia adequada a ser utilizada. A interferência estatística deve ser feita dentro do contexto em que a Entrevista for conduzida.

Muitos entrevistadores, por se julgarem superiores, lançam mão de procedimentos inconcebíveis, tais como *autoritarismo*, condução forçada da Entrevista etc.	É necessário, pois, que o entrevistador/examinador esteja *descontraído* e que em hora alguma demonstre pressa ou autoritarismo. Ele deve se transformar no próprio "amigo" do entrevistado.
Tanto o *primeiro contato* como a apresentação podem invalidar e afetar negativamente a comunicação durante a realização da Entrevista.	O *Ponto de Contato inicial* entre entrevistador ↔ entrevistado fora do contexto da Entrevista, antes do seu início, é o aconselhável.
A *ausência de entusiasmo* por parte do entrevistador conduz o entrevistado ao descaso na elaboração das respostas.	A *motivação* é um aspecto primordial para que a Entrevista se realize a contento. Estabelecimento de vínculo afetivo = confiabilidade e resultados fidedignos.
Os entrevistados têm por dom *desviar* a condução da entrevista.	Eventuais *desvios* nos questionamentos, muitas vezes, levam *a resultados reais*, dependendo da condução do entrevistador.
Conversas *aleatórias* e despreparadas não conduzem a nada. O que ocasionam são tropeços gerais.	O examinador/entrevistador não pode permitir a falta de objetivo, a conversação divagadora e sem direção, a qual, em geral, revelará pouco sobre a criança ou o sujeito Entrevistado. Portanto, que *se prepare para a argüição*.
A utilização de procedimentos sem a menor preocupação com a seleção correta das técnicas e *sem uma preparação* para os caminhos que levam a uma real validação dos resultados.	O pesquisador/entrevistador deverá, inicialmente, verificar se a técnica de *Entrevista é realmente adequada* para a solução dos questionamentos evidenciados, na pesquisa em questão.

	O pesquisador deverá ser profundo conhecedor do tema, estar plenamente *preparado psíquica e fisicamente* para a aplicação e desenvolvimento da Entrevista. Deverá estar habilitado a formular questões inesperadas, assim como proceder com adequação e de maneira justificável à seleção dos sujeitos a serem Entrevistados. Todos esses são aspectos iniciais a serem observados e imprescindíveis para a validação dos resultados. O entrevistador deve realizar uma pesquisa profunda, adentrando os limites do conhecimento científico antes do início de qualquer trabalho científico. A melhor proposta, portanto, é que o entrevistador adquira todos os conhecimentos a respeito do tema e procedimentos metodológicos, para que depois, quando já integralmente preparado, seja ele o próprio condutor da Entrevista.
Grandes *lacunas e falhas* nos *conhecimentos práticos e teóricos* durante as etapas da investigação. A maioria dos pesquisadores se sente sem condições de refletir sobre o que significa realmente uma atividade de pesquisa e mal informados acreditam que os procedimentos a serem utilizados em suas investigações incorporam a capacidade de serem autônomos e, portanto, desvinculados do problema que pretendem estudar.	
Existem *inúmeras dificuldades* vinculadas à *análise dos dados* pela falta de caminhos prescritivos para levá-la a efeito, correndo-se o risco de efetuá-la de maneira muito intuitiva e rápida, tomando-se por base uma leitura muito apressada dos dados e sem uma fundamentação teórica adequada e sistemática.	A *preparação* através do *protocolo e do guia* deve ser eximiamente bem feita, e previamente codificada, pois é nessa fase que há uma previsão da *categorização* de resultados. Aqui o universo pessoal de cada sujeito deve já ter sido analisado cuidadosamente. O uso da *teoria* como *respaldo* e como referencial explicativo para os resultados que vão sendo obtidos servirá de filtro por meio do qual o pesquisador passa a enxergar, com exatidão, a realidade.

O tempo pode ser motivo de invalidação. Muitos pesquisadores não se preocupam com esse item, deixando o tempo correr livremente.	O uso planejado do *tempo*, segundo Simmons (1976) e Visca (1987), é extremamente importante, devendo ser, como já mencionado: de no mínimo 30 mininutos e no máximo 60 minutos para que a Entrevista de coleta de dados não seja exaustiva para ambos: entrevistadores/entrevistados. O entrevistador deve parar a Entrevista diante dos primeiros sinais de cansaço esboçados pelo entrevistado.
Alguns entrevistadores se mostram muito inseguros em determinadas Entrevistas, dependendo da relação e do *status* do entrevistado: superioridade, inferioridade e mesmo igualdade. Esses aspectos podem provocar certas atitudes de temor no entrevistado e vice-versa, principalmente se o entrevistado pertencer a um grau muito mais elevado, socialmente, do que o entrevistador, podendo ocasionar um efeito de distorção na Entrevista.	Pode aí o pesquisador solicitar o auxílio de alguns entrevistadores para que estejam presentes no momento da argüição, ajudando a melhorar a sua relação de *comunicação*. Esses entrevistadores podem ser de áreas diversas ligadas ao tema. Essa opção só será viável se não houver outra via para que os objetivos da Entrevista sejam alcançados plenamente, pois a presença de outras pessoas pode causar prejuízos, às vezes, ainda maiores do que a solução para o problema em questão.
O sujeito selecionado para a Entrevista, muitas vezes, utiliza-se dela para fazer desabafos pessoais, fatos estes sem interesse para o pesquisador.	O entrevistador deve agir com *discernimento*, não se envolvendo emocionalmente, mas aproveitando para fazer uma investigação mais profunda. Deve deixar a conversação transcorrer livremente, não interferindo, e apenas selecionando os dados que lhe convier. Deve também saber *estabelecer limites* e ser apto na seleção de dados adequados.

A Entrevista pode ser conduzida por caminhos diversos dos esperados, quando o entrevistado for muito entusiasta, passando a diversificar em demasia as respostas.	O entrevistador plenamente habilitado não se conduz para a Entrevista sem ter antecipadamente preparado uma *lista de amplo espectro de questionamentos*. E, inúmeras vezes, são essas respostas transversais ou a inserção adequada de perguntas que levam a pesquisa a resultados fidedignos.
Questionamentos com *questões fechadas* não são possíveis de serem efetuados em Entrevistas Qualitativas.	O entrevistador deve ter ciência de que, para a Entrevista, os *questionamentos* mais viáveis são os *semi-estruturados*, pois são preparados antecipadamente, mas, ao mesmo tempo, dão plena liberdade de respostas aos entrevistados.
Alguns entrevistadores fazem uso de um *vocabulário técnico*, nessa fase, comprometendo o entendimento por parte de alguns entrevistados menos preparados.	Embora sendo um trabalho rigorosamente científico, o entrevistador deve utilizar-se, nessa fase, de um *vocabulário simples, claro, objetivo e inteligível*, pois muito diversas são as características dos entrevistados. E toda Entrevista deve ser conduzida naturalmente.
Alguns sujeitos selecionados para a Entrevista podem *não fornecer dados* de acordo com o esperado. Essa tem sido uma ocorrência rotineira.	Esses sujeitos devem ser relacionados como tendo participado, mas a *substituição* é inevitável. Nas Entrevistas, é o nível de *saturação* de dados obtidos que leva aos resultados finais. Os questionamentos só terminam quando não se encontram mais dados adicionais.
Muitos voluntários se oferecem para participar, nunca pensando na contribuição científica que poderão propiciar, mas, sim, almejando o próprio benefício.	Muito *cuidado*, portanto, deve ser tomado quando na *seleção de voluntários*. O entrevistador deve proceder a toda uma **investigação** anterior – econômica, social e cultural – para só depois inseri-los como participantes da Entrevista.

Muitos *pesquisadores inaptos* questionam os participantes da Entrevista como que querendo *testá-los*, intimidando-os.	O teste nunca deve ser feito dessa maneira. O entrevistador deve se reservar quanto à liberdade de espírito para que possa *julgar corretamente* as respostas do entrevistado.
A maioria dos pesquisadores *se perde* no momento *de processar* adequadamente os *registros*, invalidando todos os dados obtidos.	Portanto, a organização adequada dos *registros* é fundamental: selecionar o melhor procedimento; discutir sobre os dados obtidos com diversos pesquisadores; utilizar-se profunda e corretamente da *literatura científica*, para certificar-se quanto à validação dos resultados, entre outros pormenores. As transcrições devem ser fiéis com a interação total do entrevistador.
Muitas Entrevistas são realizadas em *locais inadequados*, turbulentos ou em ambientes despreparados, provocando um grande mal-estar nos entrevistados.	Ao sujeito a ser entrevistado cabe a preferência da *decisão sobre o local*, devendo este ser atendido. O entrevistador deve proporcionar-lhe privacidade e tranqüilidade no momento da Entrevista. O *momento* adequado e a disponibilidade do entrevistado devem, também, ser respeitados.

Fonte: ROSA, M. V. F. P. *Considerações elaboradas após pesquisas efetivadas*, 2002/2003.

Propostas

1 A conversação praticada e exercitada em situações naturais do dia a dia é ponto de referência constante e a melhor maneira para que seja exercitada a prática para a realização da Entrevista.

2 Nenhuma técnica pode ser escolhida *a priori*, antes da clara formulação do problema, a menos que a própria técnica seja objeto de estudo.

3 A tendência correta deve ser, inicialmente, por parte dos pesquisadores, questionar as decisões metodológicas na medida em que o problema em questão não pareça suficientemente claro para atendê-los.

4 O entrevistador deve ter como ponto de partida toda a visualização do contexto externo, cultural e histórico em que está inserido o sujeito a ser pesquisado, e mesmo o conteúdo da pesquisa em questão.

5 O entrevistador deve ter ciência de que a atribuição de validade de dados obtidos exige um esforço teórico.

6 O uso da teoria adequada pode conduzir o entrevistador a verificar lacunas no seu conhecimento da realidade e, ao mesmo tempo, apesar de parcial, serve de referencial explicativo para os resultados que vão sendo observados.

7 O discernimento por parte do entrevistador é imprescindível no momento da categorização e seleção dos dados obtidos para que os objetivos propostos sejam atingidos.

8 Sugere-se que os questionamentos sejam feitos numa sequência lógica, e de preferência iniciando-se por perguntas mais fáceis e diretas, para que posteriormente sejam introduzidas as que exigem julgamento e reflexão.

9 O entrevistador deve ser capaz de elaborar questionamentos por meio de um roteiro que consiga avaliar integral e identicamente todas as pessoas em que for aplicado.

10 É necessário que se dê aos entrevistados, desde o início, a oportunidade de discorrerem sobre lembranças, visando facilitar que os informantes naturalmente se vinculem ao entrevistador e principiem a falar sobre o tema, instalando-se aí, também, as noções de credibilidade.

11 Toda Entrevista eficaz deve ter a cooperação total do entrevistado.

12 O principal enfoque está na maneira de aplicação e condução da Entrevista e de suas técnicas, dependendo, portanto, unicamente da capacidade do entrevistador, do seu conhecimento integral sobre o tema e a metodologia científica.

13 O entrevistador deve preocupar-se inicialmente em verificar e determinar as suas reais intenções. A verificação será: terapêutica, diagnóstica, investigativa, de intervenção? E também quanto à natureza e função social que se cumpre.

14 O entrevistador deve ser responsável por verificar a cultura, a sensibilidade, o condicionamento particular e social do entrevistado e do contexto do tema em questão, e, o mais importante, os contextos sociais, espaciais e temporais em que a verificação será efetivada, dando ênfase especial aos aspectos emocional e afetivo do entrevistado, para que ocorra a real valorização e validação do tema em questão.

15 Sugere-se que a Entrevista seja preparada para ser aplicada em várias etapas, pois só assim se acredita que ocorra o vínculo, a confiança e a credibilidade por parte do entrevistado em relação ao entrevistador.

16 Os erros de preparação da Entrevista são irreversíveis, mas os de análise de dados e de interpretação podem ser corrigidos ou reavaliados antes da apresentação dos resultados à comunidade científica. Aconselha-se a participação efetiva de um profissional conhecedor de estatística.

17 A interação é o marco responsável por definir, delimitar ou pautar novos questionamentos, no momento da realização da Entrevista.

18 Necessário se faz frisar que todo resultado depende da conduta do entrevistador.

Como já certificado nessa análise, nitidamente, o entrevistador, em todos os momentos da Entrevista, encontra-se diante de procedimentos inválidos, que jamais deverão ser utilizados, para que a pesquisa não seja desconsiderada e classificada como um trabalho sem valor científico.

E como se desvincular de todos esses percalços se não for o entrevistador pleno conhecedor e dotado de habilidades infindas, no que diz respeito à Entrevista? Com toda certeza, podemos afirmar que jamais conseguirá.

E, diante dessa análise profícua, chegamos à conclusão final de que a maioria dos entrevistadores não está preparada para proceder corretamente às etapas viáveis da Entrevista. E, consequentemente, os resultados são, em grande parte, inválidos quando no uso dessa técnica.

Explicitamos então, aqui, o nosso alerta definitivo a todos os sérios pesquisadores e docentes ligados à Metodologia Científica, que até então não haviam despertado para a verificação da gravidade de uma aplicação e condução indevida na coleta de dados por meio da Entrevista.

Considerações finais

Cabe ao pesquisador a responsabilidade de atender aos requisitos apontados, tais como a explicitação de uma pergunta-problema, a elaboração e a clara descrição de um conjunto de passos que obtenham informações necessárias para respondê-la, a indicação de confiabilidade nas respostas obtidas, a análise dos dados com fidedignidade e consequentemente a validação dos resultados.

Evidencie-se que é falsa a tentativa de confrontar diferentes tendências teórico-metodológicas, como se a verdade de cada uma pudesse ser atestada pela fragilidade da outra.

O cerne da questão está simplesmente no pesquisador e no conhecimento que possui dos procedimentos, das técnicas, dos embasamentos teóricos e do próprio tema em análise. Esse posicionamento quanto ao conhecimento científico do entrevistador pode ser complementado aqui e como já foi referenciado no texto por Franco (1988), quando adverte que, principalmente nessa época em que a Ciência se converte em uma força produtiva e os avanços tecnológicos alcançaram marcos muito amplos, cresce o interesse pela metodologia do conhecimento científico. O crescimento observado em relação às investigações científicas e o rápido aumento do número de pesquisadores ocupados e ligados às pesquisas científicas têm não apenas incrementado o interesse puramente abstrato a respeito do processo de construção do conhecimento como também têm imposto aos estudiosos tarefas concretas com vistas à reflexão sobre os princípios metodológicos utilizados pela Ciência Contemporânea.

Como também já dito por Biasoli-Alves (1998) e discutido em alguns tópicos da pesquisa em questão, o desenvolvimento de trabalhos, realmente científicos, está condicionado ao ato de identificação das regras que fazem parte dessa maneira estruturada ou não de fazer perguntas e criar condições de cumpri-las.

Nesse sentido, independentemente da estratégia a ser definida como poderosa ou não, a fidedignidade fica na dependência da competência do entrevistador/pesquisador ao realizar tarefas de acordo com o que a Ciência exige, traduzindo-se no rigor e no uso sistemático dos processos: observar, interagir com o sujeito a ser entrevistado, questionar, arguir, classificar, categorizar, usar relações de espaço, tempo, números, predizer, controlar variáveis, hipotetizar, experimentar, interpretar, generalizar, estabelecer leis e vínculos, criar modelos, intervir, acrescentar questionamentos oportunos, registrar adequadamente, ser imparcial e neutro sempre e comunicar os resultados finais.

Ao pesquisador/entrevistador, portanto, cabe o mérito de validação da Entrevista ou o desmérito de toda a invalidação. O trabalho é complexo e árduo. Não convém que passem a aplicar a técnica de Entrevistas pesquisadores que não estejam plenamente habilitados, preparados física, psicológica e, principalmente, teoricamente. É necessário que sejam profundos conhecedores do tema, das técnicas metodológicas, e, além disso, devem ser dotados de um exímio poder de concentração, habilitados no trato com questões inesperadas, dóceis e firmes, capazes de fazer de qualquer sujeito a ser entrevistado o seu maior confidente, após os primeiros contatos.

O tema tratado cientificamente só será sistematizado quando o pesquisador/entrevistador estiver impregnado pelos dados, processo que se realizará ao longo da Entrevista à medida que as falas dos sujeitos forem se processando, conseguindo ater-se ora numa análise mais imediata do conteúdo expresso, ora nas teias das relações que se evidenciam. E, também, quando o entrevistador conseguir registrar com exímia destreza todos os dados, para que nada se perca, por meio de uma técnica mais eficaz, por ele selecionada, incluindo críticas, interpretações e significados levantados. Que faça o entrevistador uma triagem e checagem das formas de compreender os dados entre diferentes pesquisadores. Que o respaldo teórico e o recurso literário permeiem todo o processo de construção de análises. Que consiga o Entrevistador quantificar, adequadamente, inclusive dados implícitos e afunilá-los, gradativamente, para que se processem os resultados finais.

O pesquisador/entrevistador deve possuir como requisitos básicos, também: domínio completo da literatura pertinente e das diferentes formas de analisar os dados, recurso esse que demanda um conhecimento pleno da área, pois existe uma dificuldade imediata centralizada na não existência de procedimentos apropriados devidamente descritos na literatura; e a manutenção da neutralidade que, muitas vezes, é destruída pelo envolvimento do entrevistador, mesmo sem que perceba, causando grandes desvios nos resultados e nas interpretações finais.

O entrevistador pleno de todos esses predicados, com certeza, será um virtuoso validador de resultados científicos. Entretanto, aquele que faltar com qualquer uma dessas características não deverá se aventurar na aplicação das técnicas de coleta de dados por meio da Entrevista, pois certamente será o maior inapto na consecução de resultados.

A Entrevista na pesquisa qualitativa requer, portanto, a qualificação plena do pesquisador, compromisso com as atitudes éticas frente à realidade da pesquisa. Deve-se, acima de tudo, saber visualizar as circunstâncias atuais do desenvolvimento da Metodologia Científica que tem favorecido esse tipo de pesquisa. Se assim procedermos, podemos começar a impor os resultados qualitativos.

Finalizando, pode-se afirmar que os procedimentos e os caminhos são árduos, complexos, e certos cuidados são fundamentais na arte de se fazer pesquisa e, principalmente, Entrevistas. Só o amadurecimento e a vivência são precondições para uma aprendizagem sólida, sempre utilizando padrões e limites.

Referências

ALMEIDA, J. A. *Pesquisa em extensão rural: um manual de metodologia.* Brasília: Ministério da Educação, 1989.

ALONSO, L. R. *Sujeto y discurso: el lugar de la entrevista abierta en las prácticas de la sociología cualitativa.* Madrid: Síntesis, 1994.

ALVARENGA, M. A. de F. P.; ROSA, M. V. de F. P. do C. R. *Apontamentos de metodologia para a ciência e técnicas de redação cientifica: monografias, dissertações e teses* – de acordo com a ABNT 2002. 3. ed. Porto Alegre: Sérgio Antonio Fabris Editor, 2003.

ANDRÉ, M. E. D. de. *Texto, contexto e significado: algumas questões na análise de dados qualitativos.* Campinas: Papirus, n. 45, 1983, p. 66-71.

ANDRÉ, M. E. D. de. *Etnografia da prática escolar.* Campinas: Papirus, 1995.

ARFOUILLOUX, J. C. *A Entrevista com criança: a abordagem da criança através do diálogo, do brinquedo e do desenho.* Tradução de Ana Lúcia T. Ribeiro. Rio de Janeiro: Zahar Editores, 1975.

BANAKA, W. H. *Training in depth interview.* New York: Harper & Row, 1971.

BIASOLI-ALVES, Z. M. M. Trabalhar com relato oral quando a prioridade é recompor uma história do cotidiano. *Temas – procedimentos de avaliação e processos básicos*, n. 3, p. 43-57, 1995.

BIASOLI-ALVES, Z. M. M. A pesquisa em psicologia – análise de métodos e estratégias na construção de um conhecimento que se pretende científico. In.: *Diálogos Metodológicos sobre a prática de pesquisa.* Ribeirão Preto: Legis Summa, 1998.

BOGDAN, R. E; BIKLEN, S. K. *Investigação qualitativa em educação*. Porto: Porto, 1994.

BRENNER, M. *et al*. *The research interview: uses and approaches*. London: Academic Press, 1985.

CALDEIRA, T. P. R. *Uma incursão pelo lado não-respeitável da pesquisa de campo*. Rio de Janeiro: mimeo, 1980.

CAPLOW, Th. *La investigación sociológica*. Barcelona: Laia, 1970.

CAPLOW, Th. The dynamics of information interviewing. *The American Journal of Sociology*. v. LXII, p. 165-171, 1956.

DA MATTA, R. A. *Relativizando: uma introdução à antropologia social*. Petrópolis: Vozes, 1981.

DEMO, P. *Metodologia científica em ciências sociais*. São Paulo: Atlas, 1981.

DEMO, P. *A pesquisa e informação qualitativa: aportes metodológicos*. São Paulo: Papirus, 2001.

DENZIN, N. K. *The research act*. Chicago: Aldine, 1970.

DEXTER, L. *Elite and specialized interviewing*. Evanston: North western University Press, 1970.

ELINGER, F. N. Metodologia da pesquisa em ciências sociais. São Paulo: E.P.U./EDUSP, 1980.

ERLANDSON, D. A.; HARRIS, E. L.; SKIPPER, B. L. *et al*. *Doing naturalistic inquiry*. London: Sage, 1993.

EVANS-PRITCHARD, E. E. *La recherche sur le terrain et la tradition empirique. Anthropologie sociale*. Paris: Payot, 1969.

FERREIRA, A. B. de H. *Aurélio Século XXI – novo dicionário da língua portuguesa*. (Coord.: Margarida dos Anjos; Marina Baird Ferreira). 3. ed. revista e ampliada. Rio de Janeiro: Nova Fronteira, 1999.

FRANCO, M. L. P. *Porque o conflito entre tendências metodológicas não é falso*. São Paulo: PUC/Fundação Carlos Chagas, n. 66, p. 75-80, ago. 1988. (Caderno de Pesquisa – Temas em Debate).

GEERTZ, C. *From the native's point of view: on the nature of anthropological understanding*. Em local K nouledge. New York: Basic Books, 1983.

GORDEN, R. *Interviewing. Strategy, techiniques and tactics. Homewood*. Illinois: Dorsey Press, 1975.

GORDEN, R. *Interviewing. Strategy, techiniques and tactics*. Homewood, Illinois: Dorsey Press, 1987.

HARGIE, O. D. W.; MARSHALL, P. *Interpersonal communication: a theoretic framework*. London: Routledge, 1986.

KAHN, R.; CANNELL, C. F. *The dynamics of interviewing*. New York: John Wiley, 1957.

LÜDKE, M; ANDRÉ, M. E. D de. *Pesquisa em educação: abordagem qualitativa*. São Paulo: EPU, 1986.

LUNA, S. V. de. O falso conflito entre tendências metodológicas. *Temas em Debate*. São Paulo: PUC, UNICAMP, n. 66, p. 70-74, ago. 1988 (Caderno de Pesquisa).

MALINOWSKI, B. *Um diário no sentido estrito do termo*. Rio de Janeiro: Record, 1997.

MATIM DIC; ARNOLD, J. D.; ZIMMER MAN,T. F. *et al. Human subjectas reseah*, N. Engl. J. Med, n. 297, v. 26, p. 1426-1431, 1968 .

McCRACKEN, G. D. *Beverly Hills*. Califórnia: Sage, 1988.

McCRACKEN, G. D. *The long interview*. Beverly Hills, Califórnia: Sage, 1988.

MELLO, G. N. Pesquisa em educação: questões teóricas e questões de método. In.: *Seminário sobre alternativas metodológicas para a pesquisa: conhecimento e realidade*. São Paulo: FCC/CNPq, 1980. (Relatório Final).

MERTON, R. K.; KENDALL, P. L. *The forused interview. American Journal of sociology*, v. 51, p. 541-547, 1946.

MERTON, R. K.; KENDALL, P. L. *et al. The focused interview*. New York: The Free Press, 1956.

MERTON, R. K.; KENDALL, P. L. *et al. The focused interview: a manual oproblems and procedures*. 2. ed. New York: Free Press, 1990.

MERTON, R. K.; COLEMAN, J.; ROSSI, P. H. *Qualitative and quantitative research*. New York: Free Press, 1979.

MILLAR, R.; CRUTE, V.; HARGIE, O. *Professional interviewing*. London: Routledge, 1992.

MOYSER, G. *Won-standardized interviewing in elite research*. Greenwich: Jaipress, 1988.

NAHOUM, C. *La entrevista psicológica*. Buenos Aires: Kapelusz, 1961.

NICOLACI-DA-COSTA, M. Abordagens qualitativas em pesquisa – pesquisa etnográfica. *Anais... da XVII Reunião Anual de Psicologia da SPRP*, 1988, p. 501-506.

PATTON, M. Q. *Qualitative evaluation an research methods*. London: Sage, 1990.

PEIRANO, M. *A favor da etnografia*. Rio de Janeiro: Relume – Dumará, 1995.

QUEIROZ, M. I. P. Relatos orais: do indizível ao dizível. *Ciência e Cultura*, n. 39, v. 3, p. 272-286. Sience a Process Approach Columbia University, 1987.

ROMANELLI, G.; BIASOLI-ALVES, Z. M. M. (Org.). *Diálogos metodológicos sobre prática de pesquisa*. Ribeirão Preto: Legis Summa, 1998. (Apoio Capes-Programa de Pós-Graduação em Psicologia da F.F.C.L. de Ribeirão Preto –USP).

SALVADOR, A. D. *Métodos e técnicas de pesquisas bibliográficas: elaboração de trabalhos científicos*. 8. ed. Porto Alegre: Sulina, 1980.

SCHATZMAN, L.; STRAUSS, A. *Field research*. Strategies for a natural sociology, Englewod Ckiffs. New Jersey: Prentice-Hall, Inc., 1973.

SELLTIL, C. et al. *Métodos de pesquisa nas relações sociais*. São Paulo: EPU/ EDUSP, 1967.

SILVERMAN, D. *Interpreting qualitative data*. London: Sage, 1993.

SILVERMAN, D. *Qualitative methodology and sociology*. Aldershort, Hant: Gower, 1985.

SIMMONS, J. E. *Exame psiquiátrico da criança*. Tradução de Urias Corrêa Arantes. São Paulo: Manole, 1976.

SKINNER, B. F. *About behavirisma*. Nova Iorque: Alfred A. Knopf, 1974.

TARALLO, Fernando. *A pesquisa sociolingüística*. 4. ed. São Paulo: Ática, 1994. (Série Princípios).

THOMPSON, P. *A voz do passado. História oral*. Rio de Janeiro: Paz e Terra, 1992.

TIVIÑOS, A. N. S. *Introdução à pesquisa em ciências sociais. A pesquisa qualitativa em educação*. São Paulo: Atlas, 1987.

VALLES, M. S. *Técnicas cualitativas de investigacion social: reflexion metodológica y prática profesional*. Madrid: Sintesis Sociologia, 1977.

VALLES, M. S. *Notas sobre uma experiencia de investigacion sociológica cualitativa. Cuadernos de Ciencia Política y Sociología*, n. 20, p. 41-54, 1988.

VALLES, M. S. *La Entrevista psicosocial*. Madrid: Eudema, 1992.

VIEIRA, S.; HOSSNE, W. S. *Pesquisa médica: a ética e a metodologia*. São Paulo: Pioneira, 1998.

VISCA, J. *Clínica psicopedagógica: epistemiologia convergente*. Tradução de Ana Lúcia E. dos Santos. Porto Alegre: Artes Médicas, 1987.

WEISS, M. L. L. *Psicopedagogia clínica: uma visão diagnóstica*. 2. ed. Porto Alegre: Artes Médicas, 1994.

WEISS, R. *Learning from strangers. The art and method of qualitative interview studies*. New York: The Free Press, 1994.

Este livro foi composto com tipografia Casablanca e impresso em papel Off set 75 g. na Formato Artes Gráficas.